A gestão dos recursos financeiros
e patrimoniais da escola

SÉRIE PROCESSOS EDUCACIONAIS

Ana Paula Pádua Pires de Castro

A gestão dos recursos financeiros e patrimoniais da escola

EDITORA intersaberes

Rua Clara Vendramin, 58 • Mossunguê
CEP 81200-170 • Curitiba • PR • Brasil
Fone: (41) 2106-4170
www.intersaberes.com
editora@editoraintersaberes.com.br

Conselho editorial	Dr. Ivo José Both (presidente)
	Drª Elena Godoy
	Dr. Nelson Luís Dias
	Dr. Nerí dos Santos
	Dr. Ulf Gregor Baranow
Editora-chefe	Lindsay Azambuja
Supervisora editorial	Ariadne Nunes Wenger
Analista editorial	Ariel Martins
Capa	Igor Bleggi
Imagem da capa	Fotolia
Projeto gráfico	Frederico Santos Burlamaqui
Diagramação	Conduta Produções Editoriais

Dados Internacionais de Catalogação na Publicação (CIP)
(Câmara Brasileira do Livro, SP, Brasil)

Castro, Ana Paula Pádua Pires de
A gestão dos recursos financeiros e patrimoniais da escola/Ana Paula Pádua Pires de Castro. Curitiba: InterSaberes, 2014. – (Série Processos Educacionais)

Bibliografia.
ISBN 978-85-443-0064-0

1. Escolas – Administração e organização 2. Gestão educacional 3. Política educacional I. Título. II. Série.

14-09076   CDD-371.2

Índice para catálogo sistemático:
1. Gestão escolar: Planejamento e estratégia: Educação 371.2

1ª edição, 2014.
Foi feito o depósito legal.
Informamos que é de inteira responsabilidade da autora a emissão de conceitos.
Nenhuma parte desta publicação poderá ser reproduzida por qualquer meio ou forma sem a prévia autorização da Editora InterSaberes.
A violação dos direitos autorais é crime estabelecido na Lei n. 9.610/1998 e punido pelo art. 184 do Código Penal.

EDITORA AFILIADA

Sumário

Agradecimentos, 7

Apresentação, 9

Introdução, 11

1 O financiamento da educação no país, 15
1.1 Recursos financeiros aplicados à educação, 29

2 Os fundos da educação – Fundef e Fundeb, 41

3 Parcerias no financiamento da educação: empresas, ONGs e recursos externos, 67
3.1 Diferença entre recursos públicos e privados, 69
3.2 Parcerias na educação pública, 72
3.3 O Banco Mundial e a educação no Brasil, 76

4 A gestão dos recursos financeiros, 85

5 A gestão do patrimônio escolar e dos recursos materiais, 105

Considerações finais, 123

Lista de siglas, 127

Referências, 129

Respostas, 135

Sobre a autora, 141

Agradecimentos

Nesta jornada não somos e fazemos nada sozinhos. Por isso, jamais poderia deixar de agradecer à colaboração e carinho de meu amado esposo, Sérgio, e meus cinco queridos filhos: Samuel, Gabriel, Raíssa, Maira e Daniel, como prova de que a família unida por amor, admiração e respeito realiza coletivamente todo e qualquer trabalho individual.

Ao aceitar a proposta de escrever uma obra com especificações técnicas que auxiliassem o estudo dos futuros gestores, como princípio, optei por distribuir a ementa da disciplina num sequenciamento didático que permitisse melhor compreensão e apreensão do conteúdo, considerando a interface na abordagem dos recursos materiais e financeiros.

Agradeço o incentivo e a contribuição do professor Sérgio Augusto Suckow de Castro – meu esposo e chefe da Seção de Controle Financeiro, Orçamentário e Patrimonial do Setor de Educação da Universidade Federal do Paraná (UFPR) – na orientação e sistematização dos estudos sobre gestão patrimonial. Agradeço, ainda, à Vanessa Figueiredo Ferreira Muniz, pela simpatia e sensibilidade quanto aos prazos concedidos para efetivação da obra, à atenção e ao profissionalismo de Silvia Mara Hadas e, por fim, aos funcionários da Editora InterSaberes, que me orientaram quanto às normas editoriais e trabalharam na correção, formatação e editoração do texto.

Apresentação

Ao compreender a gestão democrática do ensino público como princípio constitucional e fortalecido pela Lei de Diretrizes e Bases da Educação Nacional (LDBEN), é natural que o trabalho do gestor escolar atenda satisfatoriamente ao exercício de funções que permitam a construção e a manutenção de uma escola gratuita, de qualidade e de acesso a todos.

Assim, considerando a função social da escola, as demandas da sociedade do conhecimento e a necessidade de se promover interfaces com a comunidade, a formação do gestor escolar deve contemplar o domínio no gerenciamento técnico dos recursos materiais e financeiros para permitir o bom funcionamento da sua unidade escolar, em termos administrativos e pedagógicos.

Os dados apresentados nesta obra baseiam-se em pesquisas realizadas nas várias referências bibliográficas que tratam sobre o assunto, abrangendo desde livros e artigos de periódicos até consultas na internet.

Além disso, numa tendência pessoal aos princípios ortodoxos do conhecimento, existe uma vasta extensão de leitura e tradução direta sobre a legislação que trata da questão do financiamento da educação no país. É da informação obtida no fulcro da lei que conseguimos extrair detalhamentos da matéria de estudo.

Vale destacar ainda que a análise e a interpretação para compilar as informações prestadas no decorrer dos capítulos propostos foram estruturadas conjuntamente por mim, no suporte dos meus anos como servidora pública federal, e pelo meu esposo, estatístico da carreira pública federal, o qual exerce há anos a função de confiança como chefe de Controle Financeiro, Orçamentário e Patrimonial da Universidade Federal do Paraná (UFPR).

Nesse sentido, como objetivo de trabalho, buscamos desenvolver os subsídios necessários à constituição de um perfil profissional que compreenda: a organização e o funcionamento administrativo da educação escolar; as Diretrizes da Administração Pública Federal, Estadual e Municipal para articulação das políticas educacionais e da prática gestora realizada no interior da escola; e, por fim, a elaboração de forma participativa dos planos de aplicação dos recursos físicos e financeiros, vinculados ao projeto político-pedagógico escolar.

Aos gestores, esperamos contribuir imensamente para sua formação e, mais do que isso, subsidiar o exercício comprometido e técnico da gestão escolar. Boa leitura!

Introdução

A globalização da economia decorre do processo de internacionalização do capital que se desenvolve desde o início do capitalismo. Contudo, o ritmo em que se processa essa internacionalização tem variado muito no decorrer da História, tendo em vista que o modo de produção capitalista acompanha as sucessivas fases do desenvolvimento industrial e tecnológico, marcadas pelo acesso às novas formas de energia e transporte.

A partir dos anos 1980, com o surgimento do neoliberalismo, compreendido como um conjunto de propostas que responde às necessidades do capitalismo moderno, temos a ideia de eficiência de mercado fundamentada sobre a globalização, a revolução técnico-científica e a falência do Estado – que estaria financeiramente quebrado por seus gastos sociais e esgotado no seu papel desenvolvimentista.

No capitalismo global e no empreendimento de novos sistemas financeiros, a mudança tecnológica, a automação, a busca de novas linhas de produtos e de nichos de mercado e as fusões e diversificações corporativas fizeram com que o mercado de trabalho passasse por uma radical reestruturação.

Assim, mantendo o viés de contextualizar o cenário econômico, político e social mundial, observamos que as mudanças apontadas ocasionaram o surgimento de um novo ambiente empresarial – e, consequentemente, de novos perfis profissionais – caracterizado pela necessidade de se oferecerem respostas ágeis e eficientes no mercado.

Essa necessidade fez com que as empresas passassem a exigir novas qualificações dos trabalhadores, além de conhecimentos instrumentais e técnicos operacionais, o que fez surgir investimentos na escolarização e na qualificação dos quadros de pessoal.

Considerando que a educação passou a legitimar o fator de competitividade empresarial, podemos compreender o porquê de esta ser proclamada como a "chave" necessária para abrir oportunidades e enfrentar os desafios gerados pela globalização e pelos avanços tecnológicos.

Além de as empresas implementarem sistemas internos educacionais, outros setores organizados da sociedade civil, como organizações não governamentais (ONGs), institutos, fundações, partidos políticos e demais entidades sem fins lucrativos, também passaram a assumir as funções de ensino, gerando oportunidades de novas aprendizagens.

Diante dos desafios educacionais atuais, de qualificação de mão de obra que atenda aos interesses do mercado globalizado, e com mais participação da sociedade civil organizada, por meio das ONGs ou de institutos e fundações filantrópicos, percebemos que a instituição escolar ainda se mantém no seu papel fundamental de atender à escolarização e à aprendizagem – e, por esse motivo, é objeto de tantas discussões e propostas de reforma.

O Brasil não ficou de fora desse processo de reestruturação educacional, e como resposta às novas exigências do mundo globalizado, atendendo aos condicionantes do Banco Mundial, estabeleceu-se como princípio a adoção da gestão democrática nos sistemas de ensino. Consequentemente, adotou-se a participação colegiada, a escolha dos diretores, a descentralização, a municipalização, a autonomia e novas responsabilidades administrativas dos dirigentes escolares.

Sobre a descentralização, destacamos a crítica formulada na necessidade da reforma gerencial do Estado, a proposta de se instaurar um Estado mínimo, mais eficiente e menos inchado, reduzindo os gastos públicos e superando uma estrutura burocrática centralizada, considerada como inoperante para a administração pública.

No setor educacional, os reflexos dessa reforma e da descentralização dos serviços são apontados como necessários em função do distanciamento das escolas de suas comunidades, por a gestão ser realizada em níveis centrais dos governos, pelas secretarias estaduais e municipais de educação.

Assim, com a reforma em curso e pretensa autonomia fiscal, houve um movimento de municipalização dos recursos tributários, com aumento dos recursos de transferências federais e estaduais (Fundo de Participação dos Municípios – FPM), com o objetivo de equalizar o desempenho entre os municípios, no atendimento de suas obrigações como prestadores de serviços públicos.

Percebemos que a tendência de descentralização não ocorreu apenas no setor educacional. Esse processo vem ocorrendo em quase todas as áreas, como saúde, infraestrutura, transporte etc., e acompanha a tendência universal de realmente deixar o poder de decisão nas mãos de quem lida com as questões administrativas e gerenciais e de quem conhece melhor a realidade para tomar decisões – por exemplo, o funcionário de terceiro escalão, ocupante de cargo comissionado, gerencial ou de chefia.

Assim, a descentralização administrativa dos órgãos públicos passou a conferir mais autonomia às unidades escolares, fazendo chegar às escolas os recursos humanos, materiais, tecnológicos e financeiros necessários ao bom desempenho pedagógico.

Contudo, não se pode pensar em autonomia sem verbas que garantam o cumprimento de uma política educacional, visando à melhora da qualidade de ensino no país. Por isso, verifica-se o trabalho gradativo do Ministério da Educação (MEC), na última década, de elaborar propostas visando a formas de arrecadação tributária que façam os recursos se destinarem à educação e às unidades escolares.

Assim, a Emenda Constitucional (EC) n. 14, a Lei de Diretrizes e Bases (LDBEN) e o Fundo de Manutenção e Desenvolvimento do Ensino Fundamental e Valorização do Magistério (Fundef) foram criados para homogeneizar as propostas legais no atendimento ao financiamento do ensino no Brasil.

O primeiro impacto foi a busca pela universalização do ensino fundamental. Por isso, num princípio de racionalização econômica dos recursos públicos, essa modalidade de ensino foi dada como prioritária, em virtude do elevado investimento para se atingir metas para toda a educação básica.

Sabendo que o futuro gestor escolar deve dominar toda a dimensão pedagógica e técnica de gerenciar recursos humanos, materiais e financeiros, administrar o patrimônio, as rotinas burocráticas e de organização escolar e garantir, assim, a efetivação do ensino-aprendizagem, buscamos, neste livro, auxiliar o processo de aprimoramento dos saberes necessários ao desempenho de seu trabalho.

Não basta tratar sobre recursos financeiros se não situarmos o futuro gestor escolar a respeito da definição de conceitos como orçamento, tributação, arrecadação e planejamento e de toda a esfera de conceitos técnicos que se operam na máquina administrativa do Governo Federal e demais entes federados, para atender aos procedimentos burocráticos das secretarias e órgãos públicos.

Nesse sentido, percorreremos este caminho, nos capítulos a seguir, iniciando pela compreensão do financiamento da educação brasileira, com base na Constituição Federal (CF) de 1988 e na LDBEN n. 9.394/1996, para depois penetrar no gerenciamento dos recursos financeiros, materiais e patrimoniais e na execução de despesas na escola.

1 O financiamento da educação no país

Neste capítulo trataremos do financiamento da educação em nosso país, com base nas redações da Constituição Federal (CF) de 1988 (Brasil, 1988a) e da Lei de Diretrizes e Bases da Educação Nacional (LDBEN) n. 9.394/1996 (Brasil, 1996c).

Observamos que o financiamento do ensino é um tema de urgência na pauta das políticas públicas, pois define o rumo que se pretende dar à educação em nosso país, atendendo aos princípios, dispostos nos incisos do art. 206 da CF de 1988, de igualdade, acesso, permanência, liberdade, pluralismo e gratuidade do ensino público, valorização do magistério, gestão democrática e **garantia de padrão de qualidade**.

Observamos também que as fontes de financiamento da educação são representadas pelas regulamentações constitucionais do sistema educacional, na aprovação de vários instrumentos legais que passaram a reger a estrutura, a organização e o financiamento do nosso sistema de ensino. Com isso, convidamos nosso leitor a fazer essa imersão nos estudos legislativos que tratam da manutenção financeira da educação deste país.

Começamos nosso estudo retornando ao período do governo do presidente Fernando Henrique Cardoso (1995-2002), no qual registramos que houve seguidamente a aprovação de medidas que passaram a regulamentar o financiamento da educação, detalhando sobre as fontes de recursos, a vinculação destes, o padrão de qualidade de ensino e a transferências de recursos públicos para a escola privada. Essas medidas são: a Emenda Constitucional n. 14 (EC), de 12 de setembro de 1996, que, entre outras normas, criou o Fundef, regulamentado pela Lei n. 9.424, de 24 de dezembro de 1996 (Brasil, 1996d); e a aprovação da LDBEN n. 9.394, de 20 de dezembro de 1996, que, nos arts. 68 a 77, trata do financiamento da educação.

Essas medidas de regulamentação legislativa faziam parte da proposta de Reforma Gerencial do Estado Brasileiro, a qual pretendia modernizar e racionalizar as atividades estatais, colocando o Estado num papel supletivo na garantia de serviços sociais, como saúde, educação, redução de responsabilidade e participação financeira nos recursos para a educação.

Para compreender o papel "supletivo" do Estado, temos de sintetizar os dois mandatos do governo FHC, que buscou com sua equipe ministerial reconstruir um novo modelo de Estado, sob o discurso de superar a ineficiência da máquina pública burocrática e empreender mudanças necessárias ao crescimento do nosso país.

O desafio, à época (1995), era reformar o aparelho do Estado, revendo seu papel, seu mecanismo de funcionamento, sua reestruturação administrativa, burocrática, gerencial e superação do baixo desempenho no atendimento das políticas públicas sociais.

Essa proposta de reforma gerencial foi dada ao então ministro de Estado, Luiz Carlos Bresser Pereira, do Ministério da Administração Federal e Reforma do Estado (Mare), que diagnosticou a falta de condições do Estado brasileiro em realizar poupança pública para financiar políticas públicas, em função dos gastos do Estado (déficit público) e de transferências dos recursos arrecadados pelos impostos, no pagamento da dívida externa, por exemplo.

De acordo com Bresser Pereira (1998), essa mudança gerencial da Administração Pública atingiu o mundo todo, pois com a crise do Estado de bem-estar social atrelada à crise econômica dos anos 1980 – ocasionada pela recessão de 1973 (crise do petróleo) – o plano de reformas dos governos, numa proposta neoliberal, sugeriu um modelo de Estado mínimo em seus gastos e mais eficaz em sua administração, tendo como base cinco metas essenciais – resumidas por Soares (2000, p. 23) e fundamentadas no conjunto do Consenso de Washington[1], listadas a seguir:

> Equilíbrio orçamentário, sobretudo mediante a redução dos gastos públicos; abertura comercial, pela redução das tarifas de importação e eliminação das barreiras não tarifárias; liberalização financeira, por meio da reformulação das normas que restringem o ingresso de capital estrangeiro; desregulamentação dos mercados domésticos, pela eliminação dos instrumentos de intervenção, como controle de preços, incentivos etc.; privatização das empresas e serviços públicos.

Assim, a tese da reforma ou da reconstrução do Estado foi internacionalmente e oficialmente adotada pelo Banco Mundial e pelo Banco Interamericano de Desenvolvimento. No documento *The State in a Changing World* (*O Estado num mundo em transformação*) – relatório sobre o desenvolvimento mundial, de 1997 –, o Banco Mundial aponta o modelo de Estado "sadio" como agente catalisador e facilitador para o desenvolvimento econômico e social, com enfoque na poupança pública, para permitir que se coordene o atendimento à sociedade com saúde e educação (Castro, 2003).

Mas o que tudo isso tem a ver com a ação supletiva do Estado, que citamos anteriormente? Bem, como o receituário econômico neoliberal dispõe, o Estado deve "enxugar" sua máquina pública; para tanto, passa a descentralizar as competências no atendimento dos serviços públicos, assumindo o papel de suprir, abastecer e garantir os recursos de setores, como a educação – que é nosso objeto de interesse – por meio das transferências dos impostos arrecadados. Observe a lógica: quanto maior a centralização de serviços pelo governo federal, maior é a máquina pública, representada por secretarias, seções, unidades

---

1 Refere-se a um conjunto de medidas (dez regras) elaboradas por instituições financeiras que se localizavam em Washington, como o Fundo Monetário Internacional (FMI), o Banco Mundial e o Departamento do Tesouro dos Estados Unidos. Como o FMI passou a recomendar esse receituário econômico para ajuste nos países emergentes, as regras ficaram mundialmente conhecidas e associadas às políticas neoliberais.

administrativas e um número elevado de cargos comissionados, funcionários públicos concursados e contratados para atender a todos os entes federados (estados brasileiros) e seus municípios.

Além da redução do tamanho da máquina administrativa pública federal, a ação supletiva do governo também foi desencadeada pela Reforma Tributária de 1988. Tal reforma implementou um processo gradual e contínuo de municipalização e descentralização da arrecadação e da utilização dos tributos locais dos municípios, que passaram a controlar de forma mais eficaz sua receita própria, com o Imposto Predial e Territorial Urbano (IPTU) e o Imposto sobre Serviços de Qualquer Natureza (ISS).

Como podemos observar até aqui, discutir sobre o financiamento da educação nos leva a vieses conceituais para permitir a melhor compreensão do assunto. Nesse sentido, apresentaremos, a seguir, um resumo de algumas definições da Administração Pública que auxiliarão na compreensão da organização político-administrativa do Brasil, bem como sobre obtenção, aplicação e controle dos recursos públicos.

Acreditamos que a apropriação dessas definições permitirá que o gestor escolar tenha mais facilidade na interpretação da CF e da LDBEN, bem como dos contratos e convênios firmados em parcerias públicas e privadas, como forma de cooperação financeira para atendimento educacional em determinados estados e municípios.

Nesse sentido, recorrendo às definições apresentadas na Cartilha elaborada em 2005 pela Controladoria Geral da União (CGU)[2], com o intuito de capacitar funcionários municipais e conselheiros sobre os procedimentos de execução dos recursos federais, trataremos da distinção entre **orçamento público, receita pública, despesa pública e finanças públicas**.

Nas diferentes esferas de governos (federal, estadual, distrital e municipal), **orçamento público** engloba "todas as receitas que serão arrecadadas dentro de determinado exercício financeiro

---

2 Para ver na íntegra a Cartilha de Gestão dos Recursos Federais, acesse <http://www.cgu.gov.br/Publicacoes/ManualGestaoRecursosFederais/Arquivos/cartilha_GestaoRecursosFederais.pdf>.

e a fixação de todos os gastos (despesas) que os governos estão autorizados a executar. A elaboração do orçamento público é obrigatória e tem periodicidade anual." (Brasil, 2005a, p. 13).

Receita pública é definida como "o montante dos ingressos financeiros aos cofres públicos em decorrência da instituição e cobrança de tributos, taxas, contribuições (receita derivada) e também das decorrentes da exploração do seu patrimônio (receita originária)." (Brasil, 2005a, p. 13).

De modo geral, entendemos por **despesa pública** a aplicação de certa quantia de dinheiro, prevista no orçamento público, que se destina ao atendimento de uma finalidade de interesse público. Ainda na Cartilha da CGU (Brasil, 2005a, p. 14), temos que essas despesas referem-se aos

> gastos realizados na manutenção dos serviços públicos, como pagamento de salários, reforma de imóveis, manutenção de estradas, pagamento de juros das dívidas assumidas pelo município e, ainda, as transferências concedidas destinadas a atender às despesas correntes de outras entidades de direito público ou privado às quais não corresponda contraprestação direta em bens ou serviços.

Por fim, sobre as **finanças públicas**, compreendemos que elas designam "métodos, princípios e processos financeiros por meio dos quais os governos federal, estadual, distrital e municipal desempenham suas funções: alocativas, distributivas e estabilizadoras." (Brasil, 2005a, p. 11).

Objetivando, ainda, elucidar aos gestores escolares os significados dos termos geralmente aplicados na Administração Pública, a seguir explicamos como o manejo do dinheiro público se distribui pelas funções específicas (alocativas, distributivas e estabilizadoras).

> **Função alocativa:** processo pelo qual o governo divide os recursos para utilização no setor público e privado, oferecendo bens públicos, semipúblicos ou meritórios, como rodovias, segurança, educação, saúde, dentre outros, aos cidadãos.
>
> **Função distributiva:** partilhamento, por parte do governo, de rendas e riquezas, buscando assegurar uma adequação àquilo que a sociedade considera justo, tal como a destinação de parte dos recursos provenientes de tributação ao serviço público de saúde, por exemplo.
>
> **Função estabilizadora:** aplicação das diversas políticas econômicas, pelo governo, a fim de promover o emprego, o desenvolvimento e a estabilidade, diante da incapacidade do mercado em assegurar o atingimento desses objetivos.
>
> (Brasil, 2005a, p. 11)

Dessa forma, conforme as definições apresentadas, vemos determinadas na organização político-administrativa brasileira as responsabilidades dos entes federados (estados, municípios e Distrito Federal) e a utilização dos recursos públicos devidamente planejados nas finanças públicas, no que se referem às receitas e despesas executadas pelo Estado, no atendimento dos serviços públicos.

Por tudo isso e para controle dessa imensa máquina pública – compreendida por órgãos e setores governamentais que executam e/ou acompanham os serviços públicos exclusivos e não exclusivos do Estado – é que se dispõe de instrumentos de planejamento, tais como: Plano Plurianual (PPA), Lei de Diretrizes Orçamentárias (LDO) e Lei Orçamentária Anual (LOA).

Retomando o objetivo deste capítulo, devemos compreender que **financiamento da educação** se refere à vinculação de recursos financeiros arrecadados de impostos e transferências fiscais, determinadas pela CF de 1988, para custear a política voltada ao setor educacional.

Porém, os artigos da Constituição que sofreram certas modificações por conta da EC n. 14 de 12 de setembro de 1996 serão tratados a seguir, particularmente as alterações realizadas nos incisos I e II do art. 208 da CF – que trata do dever do Estado para com a educação. Essas alterações, principalmente as do inciso II, causaram grande impacto e discussão no meio educacional em função da omissão da União com suas obrigações com o ensino médio. O Quadro 1.1 apresenta uma comparação entre a CF e as alterações feitas pela EC n. 14, que, em sua redação, diz: "o dever do Estado com a educação será efetivado mediante a garantia de":

Quadro 1.1 – Análise das alterações dos incisos I e II do art. 208 da CF

CF – 1988	Alteração dada pela EC n. 14 de 1996
"I. ensino fundamental, obrigatório e gratuito, inclusive para os que a ele não tiveram acesso; II. progressiva extensão da obrigatoriedade e gratuidade ao ensino médio; [...]"	"I. ensino fundamental obrigatório e gratuito, assegurada, inclusive, sua oferta gratuita para todos os que a ele não tiverem acesso na idade própria; II. progressiva universalização do ensino médio gratuito; [...]"

Fonte: Brasil, 1988a, 1996a.

Observamos que, na primeira redação da CF de 1988, os termos *obrigatoriedade* e *gratuidade* firmavam o compromisso do Estado, na garantia da educação de jovens e adultos e do ensino médio. A omissão da obrigatoriedade na redação dada pela EC n. 14 não reforça o dever do Estado de ofertar essa modalidade e nível de ensino, a menos que haja reivindicação de matrícula.

Entretanto, foi no art. 60 do Ato das Disposições Constitucionais Transitórias (ADCT), da CF de 1988, que a EC n. 14

produziu maior mudança. Com a nova redação do artigo e a inserção de sete parágrafos, a União reduziu suas responsabilidades (parágrafo 6º), ao diminuir de 50% para 30% a aplicação de recursos na manutenção e no desenvolvimento do ensino fundamental e na erradicação do analfabetismo, além de juridicamente minimizar em um parágrafo suas obrigações, que anteriormente eram tratadas no texto do artigo. Além disso, verificamos que somente nesse parágrafo (parágrafo 6º) temos explicitada a contribuição da União.

Para melhor elucidar as alterações feitas, seguem, no Quadro 1.2, os textos legais, constando na 1ª coluna o original, quando da promulgação da CF, e na 2ª coluna a redação dada pelo art. 5º da EC n. 14.

Quadro 1.2 – Análise do art. 60 do ADCT da CF e suas alterações

Art. 60 do ADCT	Art. 60, alterado pelo art. 5º da EC n. 14 de 1996
"Nos dez primeiros anos da promulgação da Constituição, o Poder Público desenvolverá esforços, com a mobilização de todos os setores organizados da sociedade e com a aplicação de, pelo menos, cinquenta por cento dos recursos a que se refere o art. 212 da Constituição, para eliminar o analfabetismo e universalizar o ensino fundamental"	"Nos dez primeiros anos da promulgação desta Emenda, os Estados, o Distrito Federal e os Municípios destinarão não menos de sessenta por cento dos recursos a que se refere o *caput* do art. 212 da CF, à manutenção e ao desenvolvimento do ensino fundamental, com o objetivo de assegurar a universalização de seu atendimento e a remuneração condigna do magistério.[...] § 6º A União aplicará na erradicação do analfabetismo e na manutenção e no desenvolvimento do ensino fundamental, inclusive na complementação a que se refere o parágrafo 3º, nunca menos que o equivalente a trinta por cento dos recursos a que se refere o *caput* do art. 212 da CF."

Fonte: Brasil, 1988a, 1996a.

Ainda no art. 60 do ADCT (conforme a EC n. 14), os parágrafos 1º e 2º disciplinaram respectivamente a criação do Fundef e a definição dos impostos que constituem o fundo, estabelecendo uma média nacional de gastos possível por aluno, proveniente da divisão de 15% da soma total nacional de transferências constitucionais pelo número de alunos matriculados no ensino fundamental regular no país. No parágrafo 3º temos disposta a complementação supletiva da União, sempre que cada Estado e o Distrito Federal não atinjam a média nacional do custo aluno/ano instituído. Trataremos dessa complementação supletiva da União mais adiante, quando falarmos especificamente do Fundef e do Fundeb.

Como já apresentamos o parágrafo 6º (Quadro 2), para fechar os comentários referentes às alterações do art. 60 da CF de 1988, mencionaremos somente o parágrafo 5º, que em seu texto subvincula 60% das transferências constitucionais sobre os 15% que compõem o Fundef (ou seja, somente 9%), para pagamento dos professores em efetivo exercício profissional, excluindo os inativos e qualquer possibilidade de se estabelecer um piso nacional de carreira.

Dessa forma, o financiamento da educação é tratado pela CF não somente no art. 60 do ADCT, mas também nos arts. 212 e 213, os quais apresentaremos a seguir. A discussão do assunto será feita junto da LDBEN, Lei n. 9.394/1996, por meio dos arts. 68, 69, 70 e 71, do Título VII – Dos Recursos Financeiros, tendo em vista seu maior detalhamento dos recursos vinculados à educação.

O art. 212 da CF de 1988 prevê que "a União aplicará, anualmente, nunca menos que dezoito, e os Estados, o Distrito Federal e os Municípios vinte e cinco por cento, no mínimo, da receita resultante de impostos, compreendida a proveniente de transferências, na manutenção e desenvolvimento do ensino." (Brasil, 1988a).

Já na LDBEN, o art. 69 ratifica a vinculação dos recursos disciplinada no art. 212 da CF de 1988, no qual se estabelece a alíquota mínima de receitas de impostos a ser aplicada em educação, com o detalhe de reforçar que os recursos se destinam ao ensino **público**. Isso não pode ser considerado como redundância ou exagero de redação da LDBEN, visto que a omissão dessa terminologia na CF poderia gerar mais de uma interpretação sobre o que está ou não legitimado a receber os recursos arrecadados para educação, sendo, nesse caso, reforçado seu destino ao sistema público de ensino.

Ainda sobre a vinculação dos recursos disposta no art. 69, temos tanto o parágrafo 5º, que prevê o repasse dos valores ao "órgão responsável pela educação", quanto o parágrafo 1º, que rege sobre a transferência dos recursos da União para os estados e para o Distrito Federal ou dos estados para os municípios, evitando que ocorra a dispersão dos recursos educacionais para qualquer secretaria ou órgão das esferas públicas estaduais e municipais. Além disso, exige-se que as transferências feitas não sejam contabilizadas como receita do governo que as realizou, e sim como **despesas**, facilitando a leitura dos balanços contábeis.

A questão da vinculação pode ser considerada um avanço, visto que se encontra assegurada, tanto na CF de 1988 quanto na LDBEN, Lei n. 9.394/1996, e a história brasileira nos mostra que a vinculação de uma alíquota para educação apareceu e desapareceu "nos sucessivos textos constitucionais e na legislação educacional decorrente" (Oliveira, 2001, p. 97).

Contudo, é fundamental observar que o percentual mínimo de vinculação não se aplica a qualquer tipo de despesa com ensino, sendo disciplinado pelos arts. 70 e 71 da LDBEN, o que pode ou não – respectivamente – ser considerado como Manutenção e Desenvolvimento de Ensino (MDE).

Devemos observar que, ao definir o que constitui despesa na manutenção e no desenvolvimento do ensino, a LDBEN de 1996 inclui nessa modalidade a aquisição de material didático escolar e os programas de transporte escolar, ao passo que antes sempre se discutira que esses programas assistenciais suplementares não poderiam se enquadrar nessa modalidade de despesa. Em contrapartida, as obras de infraestrutura deverão ficar a encargo dos estados e municípios, visto que não se encontram contempladas na MDE.

É bom salientarmos aqui que a definição dos gastos em MDE também pode ser considerada um avanço, pois nos orçamentos e balancetes (documentos com as receitas e despesas), podemos efetivar maior controle fiscal dos valores aplicados com educação.

Segue a transcrição dos arts. 70 e 71 da LDBEN, Lei n. 9.394 de 1996, que tratam justamente sobre o que pode ser considerado como despesa em MDE e as exceções previstas.

> Art. 70. Considerar-se-ão como de manutenção e desenvolvimento do ensino as despesas realizadas com vistas à consecução dos objetivos básicos das instituições educacionais de todos os níveis, compreendendo as que se destinam a:
>
> I. remuneração e aperfeiçoamento do pessoal docente e demais profissionais da educação;
> II. aquisição, manutenção, construção e conservação de instalações e equipamentos necessários ao ensino;
> III. uso e manutenção de bens e serviços vinculados ao ensino;
> IV. levantamentos estatísticos, estudos e pesquisas visando precipuamente ao aprimoramento da qualidade e à expansão do ensino;
> V. realização de "atividades-meio" necessárias ao funcionamento dos sistemas de ensino;
> VI. concessão de bolsas de estudo a alunos de escolas públicas e privadas;
> VII. amortização e custeio de operações de crédito destinadas a atender ao disposto nos incisos deste artigo;
> VIII. aquisição de material didático escolar e manutenção de programas de transporte escolar.
>
> Art. 71. Não constituirão despesas de manutenção e desenvolvimento do ensino aquelas realizadas com:
>
> I. pesquisa, quando não vinculada às instituições de ensino, ou, quando efetivada fora dos sistemas de ensino, que não vise, precipuamente, ao aprimoramento de sua qualidade ou à sua expansão;

> II. subvenção a instituições públicas ou privadas de caráter assistencial, desportivo ou cultural;
> III. formação de quadros especiais para a Administração Pública, sejam militares ou civis, inclusive diplomáticos;
> IV. programas suplementares de alimentação, assistência médico-odontológica, farmacêutica e psicológica, e outras formas de assistência social;
> V. obras de infraestrutura, ainda que realizadas para beneficiar direta ou indiretamente a rede escolar;
> VI. pessoal docente e demais trabalhadores da educação, quando em desvio de função ou em atividade alheia à manutenção e desenvolvimento do ensino.
>
> (Brasil, 1996c)

Destacamos que os arts. 72 e 73 conduzem a mais transparência na utilização dos recursos com educação, por determinar que as receitas e despesas com MDE sejam apuradas e publicadas nos balanços do Poder Público e devidamente acompanhadas por órgãos fiscalizadores.

Visando possibilitar uma análise geral da parte de recursos financeiros na LDBEN, Lei n. 9.394/1996, devemos ainda mencionar os arts. 74, 75 e 77. O art. 74 trata do padrão mínimo de oportunidades educacionais para o ensino fundamental, baseado no cálculo do custo por aluno. O art. 75 dispõe sobre a ação supletiva e redistributiva da União e dos estados de assegurarem a qualidade, com o intuito de corrigir as disparidades de acesso ao ensino, permitindo à União, inclusive, a transferência direta de recursos às escolas, como é o caso do Programa Dinheiro Direto na Escola (PDDE) e do Programa Nacional de Alimentação Escolar (PNAE) – que representam as transferências legais automáticas do Governo Federal e que serão tratadas no Capítulo 4 deste livro.

O art. 77 complementa o disposto no art. 213 da CF de 1988, por permitir que os recursos públicos se destinem não somente às escolas públicas, mas também às escolas comunitárias, confessionais e filantrópicas. Esse ponto é polêmico e não será tratado com mais detalhes neste livro, pois nos obrigaria a destacar um capítulo exclusivo sobre esse assunto.

Para que o leitor entenda um pouco da dimensão desse debate, é necessário lembrarmos do que se trata uma instituição privada de ensino enquadrada como comunitária, filantrópica ou confessional. Comunitária refere-se às escolas formadas por cooperativas, por exemplo; as filantrópicas referem-se àquelas que possuem Certificado de Entidade Filantrópica e cujo trabalho apresenta caráter social como instituição sem fins lucrativos. Por fim, as confessionais referem-se às escolas vinculadas às instituições religiosas, como católica, batista, adventista etc.

Assim sendo, tanto o inciso I do art. 213 da CF quanto o inciso I do art. 77 da LDBEN apresentam a mesma redação quando restringem que os recursos públicos sejam destinados às escolas privadas que "comprovem finalidade não lucrativa" e que não se encontrem atreladas às regras do mercado e do lucro.

Oliveira nos chama a atenção comentando que "a redação aprovada não é muito precisa, pois uma instituição pode 'comprovar finalidade não lucrativa' e ter lucro" (Oliveira, 2001, p. 109). Dessa forma, não querendo "mexer no vespeiro" do debate sobre o destino dos recursos públicos para escolas confessionais ou comunitárias – considerando que as filantrópicas possam de fato atestar sua finalidade como instituição sem fins lucrativos –, acreditamos que essa pequena introdução ao assunto tenha conseguido despertar a curiosidade do leitor, deixando a critério pessoal a busca por mais informações sobre o tema.

1.1 Recursos financeiros aplicados à educação

Para tratar dos recursos financeiros aplicados na educação, devemos estudar especificamente o art. 68 da LDBEN, Lei n. 9.394/1996, intencionalmente deixado por último e analisado após a apresentação dos artigos que o sucedem, por mostrar de onde se originam os recursos, especificados da seguinte forma:

> Art. 68. Serão recursos públicos destinados à educação os originários de:
> I. receita de impostos próprios da União, dos Estados, do Distrito Federal e dos Municípios;
> II. receita de transferências constitucionais e outras transferências;
> III. receita do salário-educação e de outras contribuições sociais;
> IV. receita de incentivos fiscais;
> V. outros recursos previstos em lei.

Para compreender de quais impostos são provindos os recursos destinados a financiar a educação, disporemos nos parágrafos adiante a análise de cada inciso do art. 68 da Lei n. 9.394/1996. Dessa forma, acreditamos que o gestor escolar poderá se reportar à transcrição do artigo e de seus respectivos incisos e acompanhar a explanação destes.

Iniciando com o inciso I, temos nos quadros a seguir a discriminação dos impostos retirados de cada esfera pública, de acordo com distinção encontrada especificamente nos arts. 153, 155 e 156 da CF de 1988.

Quadro 1.3 – Impostos da União para educação

Esfera	Imposto	Sigla
União (CF, art. 153)	Importação de Produtos Estrangeiros	II
	Exportação, produtos nacionais ou nacionalizados	IE
	Renda e proventos de qualquer natureza	IR

(continua)

(Quadro 1.3 – conclusão)

Esfera	Imposto	Sigla
União (CF, art. 153)	Produtos industrializados	IPI
	Operações de crédito, câmbio e seguro ou relativos a títulos ou valores	IOF
	Propriedade territorial rural	ITR
	Grandes fortunas	IGF

Fonte: Oliveira, 2001, p. 92.

Quadro 1.4 – Impostos dos Estados para educação

Esfera	Imposto	Sigla
Estados (CF, art. 155)	Transmissão de *causa mortis* e doação, de quaisquer bens ou direitos	ITCD
	Circulação de mercadorias e serviços	ICMS
	Propriedade de veículos automotivos	IPVA
	Adicional de 5% sobre o IR	

Fonte: Oliveira, 2001, p. 92.

Quadro 1.5 – Impostos dos municípios para educação

Esfera	Imposto	Sigla
Municípios (CF, art. 156)	Predial e territorial urbano	IPTU
	Transmissão *inter-vivos* (bens e imóveis)	ITBI
	Vendas a varejo de combustíveis, líquidos e gasosos Serviços (varia de 2% a 5%)	ISS

Fonte: Oliveira, 2001, p. 92.

Conforme os quadros, todos esses impostos fazem parte da cesta tributária vinculada à educação. Para evitar confusões nas definições de tributo e imposto, resolvemos apresentar seus significados, tomando por base de consulta o Código Tributário Nacional.

Assim, no sentido genérico, o termo *tributo* engloba impostos, taxas, contribuições de melhoria, contribuições sociais e econômicas, encargos e tarifas tributários – com características fiscais – e emolumentos que contribuem para a formação da receita orçamentária da União, dos estados, do Distrito Federal e dos municípios.

Aqui, cabe a distinção entre *imposto* e *taxa*, os quais são usualmente confundidos pela população. Assim, conforme glossário consultado no *site* do Portal Tributário, *imposto* é

> um tributo pago compulsoriamente pelas pessoas físicas e jurídicas para atender parte das necessidades de Receita Tributária do Poder Público (federal, estadual ou municipal), de modo a assegurar o funcionamento de sua burocracia, o atendimento social à população e os investimentos em obras essenciais.
>
> (Imposto, 2008.)

Ainda no mesmo *site*, encontramos a definição para *taxa*: "o tributo cobrado pelo Poder Público a título de indenização pela produção e oferecimento de serviço público específico e divisível prestado ao contribuinte ou posto a sua disposição". Porém, observando diretamente a redação da Lei n. 5.172, de 25 de outubro de 1966 (Brasil, 1966), que dispõe sobre o Sistema Tributário Nacional, temos que *taxa* é um tributo que recai sobre um bem ou serviço de caráter econômico, quando utilizado pelo cidadão contribuinte, sendo divisível separadamente, por parte de cada usuário – por exemplo, a água fornecida por um sistema de águas públicas.

Assim, depois desses esclarecimentos, trataremos do inciso II do mesmo art. 68 da LDBEN, Lei n. 9.394, de 1996, que trata das transferências constitucionais. Esses recursos previstos na CF e transferidos aos estados e municípios têm a finalidade de equalizar a capacidade arrecadadora e as responsabilidades na prestação de serviços das diferentes esferas da Administração Pública. Podemos citar como exemplos de transferências o Fundo de Participação dos Estados e o dos Municípios, FPE e FPM, respectivamente.

O inciso III do art. 68 da LDBEN menciona como fonte "a receita do salário-educação e de outras contribuições sociais". O salário-educação é calculado com base na alíquota de dois inteiros e cinco décimos por cento (2,5%), incidente sobre o total da remuneração paga ou creditada a qualquer título aos segurados empregados de todas as empresas contribuintes – conforme disciplina o parágrafo 1º do art. 1º do Decreto n. 6.003, de 28 de dezembro de 2006, que regulamenta a arrecadação, a fiscalização e a cobrança do salário-educação.

Esses recursos, oriundos da contribuição do salário-educação, são destinados ao Fundo Nacional de Desenvolvimento da Educação (FNDE) e têm sua origem na arrecadação das empresas em geral e das entidades públicas e privadas vinculadas ao Regime Geral da Previdência Social.

Conforme o Decreto n. 6.003, de 28 de dezembro de 2006 (Brasil, 2006a), estão isentos do recolhimento da contribuição do salário-educação:

I. a União, os Estados, o Distrito Federal, os Municípios e suas respectivas autarquias e fundações;
II. as instituições públicas de ensino de qualquer grau;
III. as escolas comunitárias, confessionais ou filantrópicas, devidamente registradas e reconhecidas pelo competente órgão de educação, e que atendam ao disposto no inciso II do art. 55 da Lei n. 8.212, de 1991;
IV. as organizações de fins culturais que, para este fim, vierem a ser definidas em regulamento;

> V. as organizações hospitalares e de assistência social, desde que atendam, cumulativamente, aos requisitos estabelecidos nos incisos I a V do art. 55 da Lei n. 8.212, de 1991.

A arrecadação dos valores é realizada em cada Estado e no Distrito Federal por regime de cotas, representando 90% do valor total de contribuição. Os 10% restantes são aplicados diretamente pelo FNDE em programas e projetos voltados para a universalização da educação básica.

Sendo assim, ainda conforme o Decreto n. 6.003, a cota federal do salário-educação corresponde a um terço do montante dos recursos arrecadados que se destinam ao FNDE no financiamento de programas e projetos ligados à universalização da educação básica, visando proporcionar a redução dos desníveis socioeducacionais existentes em municípios, estados e regiões brasileiras.

O mesmo decreto diz que a cota estadual e municipal é correspondente a dois terços do montante dos recursos arrecadados em cada estado e no Distrito Federal, sendo creditada mensal e automaticamente em contas específicas das secretarias estaduais em favor dos municípios. Cada Secretaria Estadual da Educação utiliza os recursos conforme seu planejamento, pois representa uma fonte que entra no orçamento no início do ano fiscal, com a ressalva de se tratar de fonte que não tem destinação exclusiva a gastos na MDE (veja arts. 70 e 71 da LDBEN, transcritos neste capítulo). Assim, a Secretaria do Estado da Educação de Santa Catarina, por exemplo, disponibilizou em 2002, no seu *site*, informações sobre o destino dos recursos da cota estadual do salário-educação. A seguir, transcrevemos os itens dos gastos, conforme consta na página da internet.

Os recursos do salário-educação – cota estadual, conforme a Secretaria (Santa Catarina, 2001), destinam-se exclusivamente:

* ao aperfeiçoamento de profissionais do ensino fundamental;
* à construção, conservação e reforma de prédios escolares e à aquisição e manutenção de seus equipamentos;
* à produção de material didático destinado ao ensino fundamental;
* à aquisição de material didático de consumo para uso dos alunos e professores da escola;
* à manutenção de programas de transporte escolar;
* a estudos, levantamentos e pesquisas visando ao aprimoramento do ensino fundamental.

Na esfera municipal, as cotas repassadas de salários-educação federal e estadual são compostas pelos recursos de transferências, e a garantia de oferta e manutenção – e até mesmo expansão – da primeira etapa do ensino fundamental e da educação infantil conta com esses recursos transferidos – o FPM e a alocação de recursos de sua própria cesta tributária, como IPTU.

Vale ainda comentar que as cotas estaduais e municipais do salário-educação são distribuídas proporcionalmente ao número de alunos matriculados na educação básica das redes públicas, conforme o censo educacional realizado anualmente pelo Ministério da Educação.

Além das cotas do salário-educação, destacam-se ainda, na estrutura do financiamento da educação básica, outras contribuições sociais, como a Contribuição Social sobre o Lucro Líquido (CSLL) – tributo federal sobre o lucro líquido das empresas ou sobre o faturamento da receita bruta, no caso das empresas tributadas sobre o lucro presumido – e a Contribuição para Financiamento da Seguridade Social (Cofins) – tributo cobrado pela União sobre o faturamento bruto das pessoas jurídicas.

Oliveira (2001, p. 94) esclarece que as contribuições sociais são de competência da União e que "respeitadas as limitações estabelecidas na CF 88, em tese, pode instituir uma variada gama de contribuições sociais. Aquela relacionada com a garantia do direito à educação é o **salário-educação**" [grifo nosso], e por isso, na redação do inciso III do art. 68, é citado o salário-educação e comentado apenas sobre a fonte de outras contribuições sociais, de modo geral, sem dizer expressamente no texto quais contribuições.

Não podemos encerrar essa explanação minuciosa do art. 68 da LDBEN sem comentar ligeiramente sobre os incisos IV e V. Compreendemos, portanto, por *incentivos fiscais* (inciso IV) a isenção ou a redução de impostos, na qual se concede um abatimento ou a isenção total de certo tributo, a fim de que investimentos sejam realizados, induzindo a industrialização em regiões ou setores de interesse. Outra modalidade de incentivo refere-se à renúncia fiscal, quando o governo deixa de cobrar "impostos" como forma de estimular determinado comportamento econômico.

No inciso V, o texto reporta à possibilidade de estabelecer outras fontes de recursos para a educação, bastando haver regulamentação para tal. Abre-se uma brecha na legislação para que se estabeleçam, em lei, outros tributos para o setor educacional.

Procuramos, no decorrer deste capítulo, tratar do estudo das regulamentações sobre financiamento da educação de uma forma mais didática, distinguindo ao máximo os artigos constitucionais e os artigos da LDBEN que tratam dos recursos financeiros, deixando o art. 68 à parte, pelos motivos já justificados no início da discussão desse item.

Outra intenção de separar o art. 68 da LDBEN deve-se ao fato de essa separação permitir o estudo mais detalhado do salário-educação, pois essa fonte de recursos vem, há muitos anos, financiando a educação brasileira – desde 27 de outubro de 1964, quando foi criado pela Lei n. 4.440, estando presente no art. 48 da antiga LDBEN n. 5.692/1971.

Esses comentários que se reportam às antigas leis têm simplesmente a intenção de situar o leitor no desenrolar histórico do financiamento da educação nacional, mesmo que de forma superficial, tendo em vista que não objetivamos estabelecer nesta obra um paralelo de antes e depois da aprovação da nova LDBEN, de 1996. Acreditamos que a curiosidade é uma forma de instigar a aprendizagem, e, para aqueles que tenham encontrado afinidade com o assunto, fica a indicação dessas leis para consultas e estudos.

Síntese

Para discutir sobre o financiamento da educação, precisamos conhecer e estudar o conjunto de textos legais que tratam desse assunto. Por isso, fizemos uma análise criteriosa da CF do Brasil de 1988 e da LDBEN n. 9.394/1996, especificamente nos artigos referentes à vinculação de recursos arrecadados dos impostos e das transferências fiscais e tributárias que são destinadas às políticas públicas voltadas ao setor educacional.

Conhecer a disposição da EC n. 14, as alterações do art. 208 da CF, o Título VII da LDBEN – em seus arts. 68, 69, 70 e 71, que falam especificamente sobre o que é compreendido ou não como manutenção e desenvolvimento do ensino, e arts. 72 até 77 – permite não somente identificar os percentuais oriundos dos impostos a serem destinados à educação por União, Estados e Municípios, como também possibilita a compreensão da organização do sistema de ensino do país.

O leitor e o gestor escolar, neste capítulo, puderam transitar pela definição de uma série de conceitos e categorias que não fazem parte do vocabulário usual da área educacional. Com isso, aprender sobre a distinção entre orçamento, receita e despesa pública e o conjunto de recursos financeiros aplicados na educação serviu como base para a compreensão do estudo sobre os fundos da educação – Fundef e Fundeb – que serão trabalhados no próximo capítulo.

Atividades de autoavaliação

1. De onde vêm as fontes de recursos para a educação pública?
   a) De todos os impostos recolhidos apenas pela União, com exceção das contribuições sociais.
   b) Dos investimentos recebidos pelo Banco Mundial e dos convênios com as empresas privadas brasileiras que asseguram a MDE.
   c) Da receita de impostos próprios de União, estados, Distrito Federal e municípios, somada às transferências, ao salário-educação e a outras contribuições sociais, dos incentivos fiscais e de outros recursos previstos em lei.
   d) Apenas do imposto de renda de pessoa física e jurídica somado ao percentual arrecadado de loterias e controlado pela Caixa Econômica Federal.

2. Quanto deve ser aplicado por ano na manutenção e no desenvolvimento do ensino pelos governos federal, estadual e municipal?
   a) Não existe regulamentação legal quanto aos valores que devem ser destinados à educação.
   b) Os impostos arrecadados devem ser distribuídos num percentual mínimo de 10% pela União e de 20% pelos estados e municípios.
   c) O governo federal deve aplicar os 18% somente quando estados e municípios não puderem aplicar 25% da receita de seus impostos em educação.
   d) O governo federal deve aplicar, no mínimo, 18% de suas receitas de impostos. Os estados, o Distrito Federal e os municípios devem aplicar, no mínimo, 25% de suas receitas de impostos e transferências recebidas.

3. Sobre a Manutenção e Desenvolvimento de Ensino (MDE), é correto afirmar:
   a) Conforme disciplina o art. 70 da LDBEN, refere-se às despesas realizadas com vistas à consecução dos objetivos básicos das instituições educacionais de todos os níveis.

b) Trata sobre a disposição de recursos aplicados para transporte, merenda escolar e programas assistenciais suplementares da área médica, odontológica, farmacêutica e psicológica.

c) As obras de infraestrutura são previstas na MDE.

d) Somente é aplicado para remuneração do pessoal docente e no uso e manutenção de bens e serviços vinculados ao ensino.

4. O salário-educação é a contribuição social prevista no art. 212, parágrafo 5º, da CF, calculado conforme Decreto n. 6.003, de 28 de dezembro de 2006, com base na alíquota de 2,5% sobre o total de remunerações pagas ou creditadas aos segurados empregados, de todas as empresas privadas em geral e as entidades públicas vinculadas ao Regime Geral da Previdência Social. Dos itens a seguir, é correto afirmar:

I) A cota federal correspondente a um terço do montante dos recursos será destinada ao FNDE e aplicada no financiamento de programas e projetos voltados para a universalização da educação básica, visando propiciar a redução dos desníveis socioeducacionais existentes entre municípios, estados, Distrito Federal e regiões brasileiras.

II) A cota estadual e municipal será integralmente redistribuída entre o estado e seus municípios de forma proporcional ao número de alunos matriculados na educação básica das respectivas redes de ensino, conforme censo educacional realizado pelo Ministério da Educação.

III) A cota estadual e municipal, correspondente também a um terço, será creditada a cada três meses em favor das Secretarias de Educação dos estados, do Distrito Federal e dos municípios para financiamento de programas, projetos e ações voltadas à educação básica.

a) Somente o item I está correto.

b) Somente o item II está correto.

c) Os itens I e II estão corretos.

d) Todos os itens estão corretos.

5. Assinale com (V) as alternativas verdadeiras e com (F) as falsas:

( ) Os recursos públicos podem ser repassados apenas para as escolas públicas, e não para as escolas privadas comunitárias, confessionais e filantrópicas.

( ) Compreende-se por *imposto* o tributo pago compulsoriamente pelas pessoas físicas e jurídicas para atender a parte das necessidades de receita tributária do Poder Público.

( ) Destacam-se, além do salário-educação, outras contribuições sociais que se aplicam à educação, como a CSLL e o Cofins.

( ) Os recursos públicos destinados à educação encontram-se dispostos nos arts. 70 e 71 da LDBEN.

Atividades de aprendizagem

Questões para reflexão

1. Sabendo dos impostos municipais que são destinados ao financiamento da educação, discorra se a municipalização tributária favoreceu ou não a arrecadação do ISS e do IPTU, justificando sua análise.

2. A vinculação mínima de 18% da União e de 25% dos Estados e Municípios é suficiente para garantir a qualidade da educação no país? Justifique.

Atividades aplicadas: prática

1. Pesquise na Secretaria Municipal da Educação de sua cidade – ou na Coordenação de Ensino Municipal – se o montante de recursos atende ao princípio constitucional mínimo de 25%, verificando se esses recursos são satisfatórios para a MDE no município.

2. Ainda com base nos dados do município em que você mora, verifique nos balancetes públicos quanto foi gasto em MDE e em que itens.

2 Os fundos da educação – Fundef e Fundeb

Neste capítulo, estudaremos o antigo Fundo de Manutenção e Desenvolvimento do Ensino Fundamental e de Valorização do Magistério (Fundef) e o atual Fundo de Manutenção e Desenvolvimento da Educação Básica e de Valorização dos Profissionais da Educação (Fundeb).

Apesar de o Fundef ter sido revogado após a aprovação do Fundeb, ambos devem se analisados para que haja compreensão da instituição desses fundos e da aplicação dos recursos para educação.

Destacamos que houve a intenção de separar a discussão dos fundos em função de sua importância no setor educacional de criar, mesmo que por meio de imposição constitucional, uma vinculação específica de recursos, como um mínimo a ser destinado no atendimento à educação.

De forma alguma estamos fazendo apologia à criação dos fundos, pois mostraremos, no decorrer do capítulo, suas vantagens e desvantagens. Comparando o momento presente com a realidade de que dispúnhamos no período da Lei n. 5.692/1971 – antiga LDBEN –, a qual, sobre financiamento de ensino, dispunha de 23 artigos, mas somente o art. 59 tratava da obrigatoriedade de aplicação de 20% de seus tributos em educação, podemos dizer que houve avanços.

Se comparássemos com os artigos constitucionais da antiga CF, de 1967, outorgada em pleno regime militar e que suprimiu em sua redação a vinculação de recursos para educação e dependeu da Emenda Constitucional do senador João Calmon para novamente determinar um percentual mínimo de receitas de impostos no setor educacional, mais uma vez apontaríamos avanços.

Por isso, registramos que obtivemos ganhos com a obrigação de se manter nos textos legais (CF de 1988, LDBEN n. 9.394/1996 e, mais recentemente, o Fundeb) a questão da vinculação dos recursos, pois, dessa forma, temos subsídios para realizar uma comparação e perceber se houve ou não maior crescimento nas receitas aplicadas em educação, no decorrer dos anos, e se existe melhoria na qualidade do ensino.

Com a apresentação, no primeiro capítulo, das fontes de recursos regulamentadas pela CF de 1988 e pela LDBEN de 1996, podemos aqui tratar especificamente do Fundef, estabelecido por meio da Lei n. 9.424, de 24 de dezembro de 1996 (Brasil, 1996d), e do Fundeb, regulamentado pela Emenda Constitucional n. 53, de 19 de dezembro de 2006 (Brasil, 2006b) e pela Lei n. 11.494, de 20 de junho de 2007 (Brasil, 2007). Esses textos encontram-se referenciados no final deste livro, com a indicação dos *links* que permitem ao leitor acessar na íntegra as legislações na internet, para fins de consulta e estudos.

Pela interpretação do governo federal, o Fundef é um instrumento fundamental para alcançar a universalização do ensino. A seguir, destacamos suas vantagens, apresentadas pelo próprio Ministério da Educação (MEC) (Brasil, 2006c):

- promoção de equidade entre os Estados;
- transparência e visibilidade dos recursos com a criação das contas únicas (art. 3º da Lei n. 9.424/96) e acompanhamento e controle dos Conselhos (art. 4º do *caput*);
- profissionalização da carreira magistério (art. 9º do *caput*) e eliminação das práticas clientelistas, dispondo o repasse dos recursos e o destino destes às escolas.

Tanto no antigo Fundef quanto no atual Fundeb, existe o estabelecimento de um valor mínimo por aluno[1] a ser despendido,

---

1 Disciplinam sobre o cálculo do custo mínimo por aluno os parágrafos 1º e 2º do art. 6º da Lei n. 9.424/1996 (Fundef), o art. 74 e respectivo parágrafo único da LDBEN (Lei n. 9.394/1996) e o anexo da Lei n. 11.494, de 2007 (Fundeb), que dispõe sobre o cálculo para distribuição dos recursos.

vinculado ao número de matrículas – tendo como base o censo educacional realizado pelo MEC anualmente.

Se um estado da Federação não atingir o valor mínimo, a União deverá efetuar a complementação[2], cumprindo com sua função supletiva e redistributiva (art. 9º da LDBEN) e objetivando corrigir distorções de atendimento educacional no país e garantir o padrão mínimo de qualidade de ensino, mediante assistência técnica e financeira aos Estados[3].

Sabemos, pelos instrumentos de avaliação adotados pelo MEC há mais de dez anos, que os estados mais industrializados ou com economia diversificada entre os setores primário, secundário e terciário[4] apresentam maior arrecadação tributária. Com maior disponibilidade financeira e orçamentária, eles conseguem atender com mais qualidade a área social de saúde e educação. Os estados tidos como mais pobres dependem, e muito, da complementação da União para garantir a matrícula dos alunos nas escolas e, principalmente, sua permanência, evitando evasão escolar e índices baixos de escolaridade.

Esse debate é interessante, pois um estado com problemas educacionais, consequentemente, apresenta mão de obra barata e não qualificada. Com isso, as indústrias preferem instalar suas empresas em regiões onde o nível de escolarização é mais técnico e elevado. Observem que a educação pode servir de alavanca no processo de desenvolvimento econômico e social e permitir maior poder aquisitivo às pessoas, pois enquanto não se investir seriamente na superação de baixos índices de qualidade e atendimento educacional, alguns Estados continuarão a perpetuar o histórico de pobreza, falta de geração de renda e comprometimento nas áreas de saúde, educação e infraestrutura.

---

2 Art. 6º da Lei n. 9.424/1996 (Fundef) e Seção II, Da Complementação da União, arts. 4º, 5º, 6º e 7º da Lei n. 11.494, de 2007 (Fundeb).

3 Ver § 1º do art. 211 da CF, art. 75 da LDBEN, art. 6º da Lei do Fundef e inciso V do art. 60 do ADCT da CF de 1988, na nova redação dada pela EC n. 53, de 19 de dezembro de 2006.

4 O setor primário é representado pelas empresas que exploram os recursos naturais e os transformam; o setor secundário transforma matéria-prima, fornecida pelo setor primário, em produto manufaturado; por fim, o setor terciário é representado por serviços como comércio, bancos e escritórios.

Mas, retornando à questão dos fundos, a criação inicialmente do Fundef e atualmente do Fundeb pode ser considerada um avanço, por garantir que haja uma subvinculação dos recursos já vinculados constitucionalmente para MDE, o que será explicado a seguir.

O Fundeb tem natureza contábil – assim como era no Fundef – e os valores dos impostos arrecadados são depositados em contas específicas nas secretarias estaduais, desdobrando-se em 27 fundos. A própria legislação (Lei n. 11.494/2007) que disciplina o fundo garante o repasse de impostos arrecadados do caixa da União, dos estados, do Distrito Federal e dos municípios para o órgão responsável pela educação e a transparência quanto às receitas e despesas com a MDE, que são apuradas e publicadas nos balanços do Poder Público.

O Fundef previa que os estados, o Distrito Federal e municípios aplicassem 60%, retirados dos 25% dos impostos arrecadados e destinados a MDE (conforme art. 212 da CF, art. 68 da LDBEN e art. 70 da LDBEN), exclusivamente no ensino fundamental, com a subvinculação de outros 60% da fatia já separada, destinados a assegurar o pagamento do profissional do magistério em efetivo exercício.

> Compreender essa continha é fácil: imagine que você tem um bolo e o corta em quatro pedaços. Temos, então, que cada pedaço representa 25% do bolo inteiro. Esses 25% é a MDE. O Fundef retirava 60% desse pedaço de bolo que somente tem 25%. Use uma calculadora e verá que 60% sobre 25% é igual a 15%. A subvinculação representa tirar 60% destes 15% que restaram; fazendo novamente o uso da calculadora, você verá que o resultado da conta – 9% – era destinado ao pagamento do magistério que atendia ao ensino fundamental.

Seria mais fácil a redação da lei dizer assim: "dos 25% destinados à MDE, pelo menos 15% devem ser usados somente no ensino fundamental". Se o estado ou município tem em sua rede de ensino o ensino médio e até o universitário, não pode gastar todo o dinheiro com esses níveis de ensino, pois 15%, obrigatoriamente, devem ser destinados ao ensino fundamental. O mesmo entendimento de facilitar a compreensão e a interpretação do texto legal deveria ser dado ao determinar que, desses 15%, ao menos 9% fossem retirados e destinados a gastos no magistério.

Pedimos imensas desculpas ao nosso leitor, que pode ter entendido a questão da vinculação e subvinculação com muita facilidade. Em momento algum quisemos infantilizar a interpretação da lei, mas verificamos, pela experiência no ramo, que muitos colegas não gostavam ou conseguiam interpretar esses percentuais. Fica aqui justificada a necessidade de pecar pelo excesso de explicação.

Voltando aos fundos, pedimos que você utilize o mesmo raciocínio explicado e observe que o Fundeb prevê que os estados, o Distrito Federal e os municípios apliquem 80%, retirados dos mesmos 25% previstos na vinculação da MDE, na educação básica, representando 20% o percentual de subvinculação, ou seja, 5% a mais do que o fundo anterior. Com relação ao atendimento da subvinculação dos profissionais da educação, foram mantidos os mesmos 60%. Contudo, ao aplicarmos 60% sobre 20% (e não mais sobre 15%, como era no Fundef), temos uma alíquota real de 12% de investimento da carreira docente em efetivo exercício (ativo), não contemplando os aposentados (inativos).

Essas diferenciações apontam os ganhos do novo fundo e corrigem as distorções existentes no Fundef de somente atender ao ensino fundamental, que sempre foram motivo de discussão entre a categoria dos profissionais do ensino. Nesse sentido, além de ampliar o atendimento aos alunos abarcando toda a educação básica, temos também o atendimento de todos os profissionais que oferecem suporte pedagógico direto ao exercício da docência, como diretor, administrador, supervisor, orientador, inspetor, além do próprio professor.

Para reforçar a compreensão sobre a distribuição percentual dos recursos, a seguir há dois gráficos que demonstram a vinculação dos 15% do Fundef e a respectiva subvinculação dos 9% com a valorização do magistério, bem como a vinculação dos 20% do Fundeb e sua subvinculação de 12% com o pagamento dos profissionais da educação. Acreditamos que, assim, fecharemos efetivamente o entendimento sobre esses percentuais.

Figura 2.1 – Fundef: gastos com educação nos municípios

60% para valorização do magistério

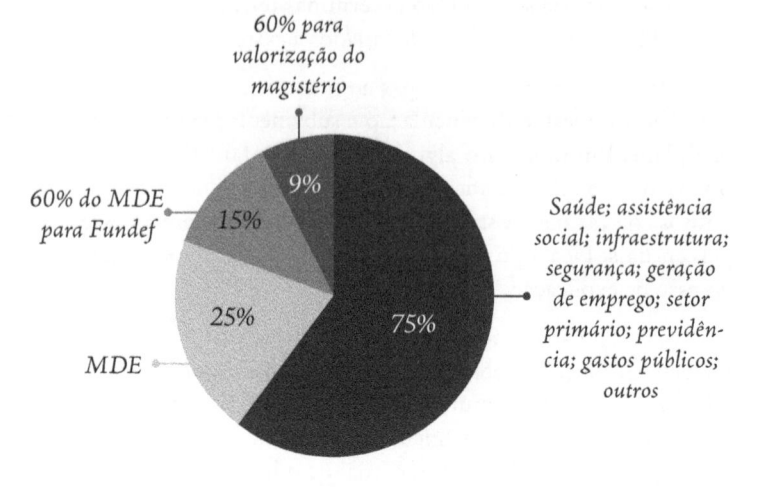

60% do MDE para Fundef

MDE

9%
15%
25%
75%

Saúde; assistência social; infraestrutura; segurança; geração de emprego; setor primário; previdência; gastos públicos; outros

Figura 2.2 – Fundeb: gastos com educação nos municípios

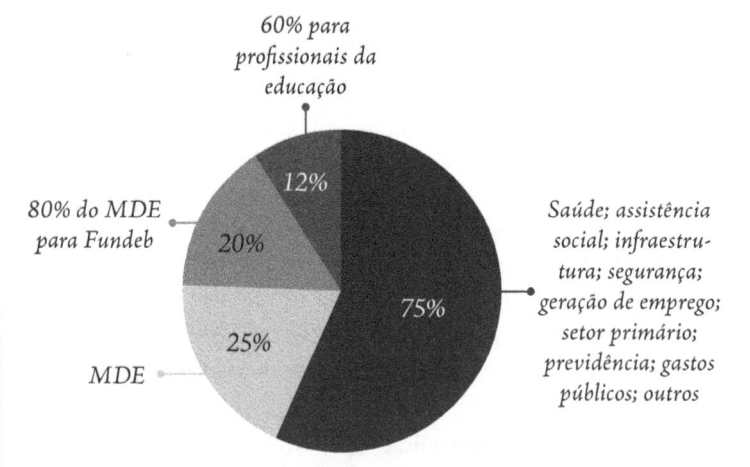

60% para profissionais da educação

80% do MDE para Fundeb

MDE

12%
20%
25%
75%

Saúde; assistência social; infraestrutura; segurança; geração de emprego; setor primário; previdência; gastos públicos; outros

Para saber, no Fundef, o que representam os 60% retirados dos 25% da MDE, esses 15% dos recursos eram constituídos com os impostos apresentados a seguir.

Quadro 2.1 – Impostos vinculados pelo Fundef, com 15% oriundos de:

Imposto	Descrição	Composição	Observações
ICMS	Imposto sobre a Circulação de Mercadorias e Serviços	Prevista conforme art. 155, inciso II, combinado com o art. 158, inciso IV, da CF.	Imposto instituído pelos estados e pelo Distrito Federal
FPE	Fundo de Participação dos Estados	Composto por 21,5% do total arrecadado do IR e do IPI (art. 159, inciso I, alínea "a" da CF)	União repassa fundos do IR e do IPI
FPM	Fundo de Participação dos Municípios	Conforme arts. 158 e 159 da CF, engloba: 22,5% do IR e IPI da União; 50% do ITR dos imóveis situados nos municípios; 50% do IPVA dos veículos licenciados; 25% do ICMS e pelo IR devido pelas autarquias e fundações municipais.	União repassa do IR e do IPI e os estados repassam do ITR, IPVA, ICMS e IR
IPI-exp.	Imposto sobre Produtos Industrializados Exportados	Vinculado em 10% da arrecadação (art. 159, inciso II da CF)	União repassa aos estados e ao Distrito Federal

Fonte: Adaptado de Brasil, 2006c, 1996c.

Temos, ainda na composição desse quadro, a compensação financeira prevista na Lei Complementar n. 87, de 1996 – Lei Kandir –, prevista no parágrafo 2º do art. 1º da referida legislação do Fundef, e a Complementação da União, prevista no parágrafo 3º do art. 1º e no art. 6º do mesmo texto legal.

Esclarecemos que a Lei Kandir se refere à desoneração do pagamento do ICMS nas exportações de produtos industrializados semielaborados e produtos primários, permitindo o aproveitamento de créditos dos impostos referentes à compra de bens de capital, fornecimento de energia elétrica e serviços de comunicações. Com a perda de arrecadação decorrente, havia previsão de compensação financeira aos estados e municípios durante seis anos (podendo chegar até a dez anos, conforme o montante das perdas).

A partir de agosto de 2000, o mecanismo de cálculo de compensação foi alterado por força da Lei Complementar n. 102, de 11 de julho de 2000. A partir de então, o valor que a União passou a entregar era fixo e, assim, cada estado passou a receber de acordo com seu coeficiente de participação, não dependendo mais do comportamento da arrecadação.

Essas informações sobre a Lei Kandir servem de base para a compreensão das flutuações dos valores arrecadados na composição da receita total para o Fundef, visto que o valor mínimo custo/aluno/ano fica instituído pela razão de cálculo dessa receita e a da matrícula total do ensino fundamental.

Para compreendermos a Complementação da União, basta saber que ela se refere a uma suplementação aos estados e ao Distrito Federal, cujo gasto-aluno tenha sido menor que o mínimo definido nacionalmente. Conforme o parágrafo 1º do art. 6º da Lei do Fundef, o valor mínimo por aluno era fixado anualmente pelo presidente da República, não devendo jamais ser inferior à razão entre a previsão da receita total dos impostos e a matrícula total do ensino fundamental do ano anterior, acrescida do total estimado de novas matrículas. Contudo, para aplicação do Fundo no ano de 1997, o valor mínimo anual por aluno foi de R$ 300,00.

Conforme a Lei n. 9.424/1996, o repasse do Fundef obedecia aos seguintes critérios[5]:

> 1. número de alunos matriculados anualmente no ensino fundamental (parágrafo 1º do art. 2º);
> 2. cômputo somente das matrículas do ensino presencial (parágrafo 3º do mesmo art. 2º);
> 3. diferenciação de custo por aluno, segundo os níveis de ensino e tipos de estabelecimento – 1ª a 4ª séries, 5ª a 8ª séries, escola rural e educação especial (parágrafo 2º do art. 2º);
>
> (Brasil, 1996d)

Vale ressaltar que o MEC não definiu os valores diferenciados do critério 3 para os anos de 1998 e 1999 nem identificou, no censo educacional, a estimativa de matrículas para o ano seguinte da edição da Lei do Fundef (critério 4). Nesse sentido, o que valeu nesse período foi o número de matrículas do ano de 1996 (Davies, 2001). Assim, considerando que no primeiro ano de vigência da Lei (1997), o valor mínimo foi estipulado em R$ 300,00 (parágrafo 4º do art. 6º), nos anos de 1998 e 1999 tivemos o valor determinado em R$ 315,00. Do ano 2000 em diante, os valores foram fixados conforme a tabela a seguir:

---

5 O primeiro critério constava nos textos da EC n. 14 e na Lei n. 9.424/1996 (Fundef), sendo que os critérios 2 e 3 não estavam presentes na EC n. 14.

Tabela 2.1 – Valores fixados pelo Poder Executivo para o Fundef

Anos	1ª a 4ª séries (R$)	5ª a 8ª séries e educação especial (R$)
2000	333,00	349,70
2001	363,00	381,20
2002	418,00	438,10
2003	446,00	468,90

Fonte: Adaptado de Brasil, 2005 citado por Vazquez, 2005, p. 152.

Outro fator que merece atenção diz respeito à dívida social acumulada pela União sobre o valor fixado do custo/aluno/ano. Conforme Davies (2001), esse valor se mantém subestimado devido à obrigação da complementação do governo federal aos estados, que não conseguem atingir o mínimo determinado por aluno.

Para se ter uma ideia da diferença dos valores fixados pelo governo federal (Tabela 2.1) e do que deveria ser aplicado conforme o parágrafo 1º do art. 6º, que trata do valor mínimo anual por aluno, podemos perceber distorções nos valores aplicados desde 1998. Não utilizamos, na afirmativa deste parágrafo, a análise dos Balanços Federais do Orçamento, tampouco dados diretamente retirados do Censo Educacional feito pelo MEC, e sim as informações prestadas por Vazquez (2005) em seu artigo sobre financiamento da educação. A seguir temos a Tabela 2.2, para que esses dados sejam confrontados.

Tabela 2.2 – Valores observados segundo o art. 6º da Lei n. 9.424/1996 e que deveriam ser aplicados na fixação do valor mínimo anual por aluno

Anos	1ª a 4ª série (R$)	5ª a 8ª séries e educação especial (R$)	Diferença 1ª a 4ª (R$)	Diferença 5ª a 8ª séries e educação especial (R$)
1998	418,80	418,80	103,80	103,80
1999	418,60	418,60	103,60	103,60
2000	455,20	478,00	122,20	128,40
2001	522,10	548,20	159,10	167,10
2002	613,70	644,40	195,70	206,30
2003	733,80	770,50	287,80	301,60

Fonte: Brasil, 2005 citado por Vazquez, 2005, p. 152.

Além da diferença de valores observada na comparação das tabelas 2.1 e 2.2, destacamos outro recurso que se "esvai" da receita arrecadada para a MDE: refere-se aos 20% da Desvinculação das Receitas da União (DRU)[6], justificados pelo governo federal como forma de redirecionar os valores dos impostos e flexibilizar sua alocação nos setores públicos sociais de maior necessidade. Como não retornam obrigatoriamente na mesma proporção do total de receitas arrecadadas, não se tem o montante esperado na aplicação dos 18% que competem à União.

Considerando que, da receita bruta de arrecadação dos impostos federais (Quadro 1.3, do Capítulo 1), subtraem-se os valores de Transferência aos estados e municípios e depois se aplicam 20% da DRU, o valor restante serve como base para aplicação e retirada dos 18% previstos na CF e na LDBEN. A Tabela 2.3, apresentada a seguir, traz os valores totais registrados em 2003, sintetizando o cálculo de MDE da União.

---

6 A DRU veio suceder o Fundo de Estabilização Fiscal (FEF), de 2000, que, por sua vez, havia sido criado para substituir o Fundo Social de Emergência (FSE), criado em 1994.

Tabela 2.3 – Receita para MDE

Receita Bruta (R$)		100.628.547.923,00
DRU – 20% (R$)		20.125.709.585,00
Transferências	Estados (R$)	20.933.497.461,00
	Municípios (R$)	9.751.759.871,00
Base de cálculo (R$)		39.817.581.007,00
MDE – 18% (R$)		7.167.164.581,00

Fonte: Adaptado de Pinto, 2001.

Com base nessa tabela, verificamos que, se a DRU fosse extinta, seriam aplicados aproximadamente R$ 3,6 bilhões a mais em MDE, pois basta-nos calcular 18% sobre os R$ 20.125.709.585,00 da DRU (ver segunda coluna) para atestarmos os valores perdidos e retirados da receita bruta de arrecadação em educação. Esse mecanismo de flexibilização do orçamento deve ser revisto, para viabilizar, pela União, a melhoria no padrão de gastos com a educação.

Se focarmos nossa análise pelo PIB, no Relatório do Grupo de Trabalho sobre Financiamento da Educação (Pinto, 2001), extraímos o valor de 4,44% em 2000, tomando por base o total de receitas oriundas dos impostos vinculados em lei e a contribuição do salário-educação de cada esfera governamental (União, estados e municípios).

Esse dado (4,44% do PIB nacional), se equiparado ao percentual aplicado na educação nos países de primeiro mundo, mostraria que temos disponibilizado ao setor educacional um valor muito pequeno, aproximadamente 12% da nossa renda *per capita* (cerca de 4,3% a 4,5% do PIB nacional), contra 25% da renda *per capita* nos Estados Unidos, por exemplo, que aplicam cerca de 5% de seu PIB em educação (Pinto, 2001).

Se pudéssemos equiparar nosso percentual aplicado, teríamos de superar as diferenças existentes entre os estados federados, pois, conforme dados de 1998 do MEC, a média de gasto nacional com o ensino fundamental foi de R$ 670,00/aluno-ano. No Maranhão, esse valor foi de R$ 401,00/aluno-ano, enquanto no Estado do Rio de Janeiro foi de R$ 877,00/aluno-ano (Pinto, 2001).

Comparando essa diferença pelo PIB estadual, teremos como gasto no Estado do Paraná, por exemplo, o valor equivalente a 4,5% (dados Seed/PR) – incluindo a educação superior, as escolas filantrópicas e um pouco do repasse à educação militar –, sendo destinado à educação básica o percentual de 3,2% do PIB. Em contrapartida, o Estado do Piauí apresenta o percentual de 11% de seu PIB com educação, dependendo mensalmente da complementação da União (Brasil, 2006c).

Apesar dos dados apresentados, alguns êxitos ocorridos com a implantação do Fundef merecem destaque:

- Com o mecanismo de distribuição dos 15% vinculados pelo critério de matrículas em cada rede de ensino, diminuíram as diferenças de custo-aluno entre governo estaduais e municipais;

- Com a subvinculação de 60% dos recursos gerados de 15% (que representam 9%) para o pagamento dos professores em exercício, houve aumento salarial nas regiões em que as remunerações eram irrisórias e também certa proteção à carreira docente.

- Houve aumento no número de matrículas no ensino fundamental.

- Por meio de contas específicas no Banco do Brasil e da formação de Conselhos de Acompanhamento e Controle, ocorreu o incentivo à transparência do financiamento e diminuíram os desvios das verbas.

Apesar das vantagens, não se pode deixar de apresentar as desvantagens, consubstanciadas em:

- não contemplar toda a educação básica, em função da exclusividade de os recursos se destinarem somente ao ensino fundamental;

- não definir critérios de qualidade de ensino, vinculando somente o custo/aluno/ano pela arrecadação total das receitas do Fundo dividida pelo número de matrículas;
- em função do item anterior, permitir que haja fraudes no número de matrículas, pela omissão dos dados de evasão dos alunos nos sistemas de ensino.

Diante das desvantagens apresentadas pelo Fundef, a atenção deste capítulo pode se voltar agora ao Fundeb, analisando-se alguns pontos que merecem nossa compreensão.

Diferente do Fundef, que financiava apenas o ensino fundamental, o Fundeb investe na educação infantil, no ensino fundamental, no ensino médio e na educação de jovens e adultos. O novo fundo apresenta as expectativas de atender às necessidades específicas de diversas realidades dos alunos por séries, idades e locais em que estudam.

O antigo Fundef trabalhava com quatro faixas de valores por aluno/ano. O Fundeb apresenta 11 faixas: educação infantil (creche e pré-escola), 1ª a 4ª séries urbanas, 1ª a 4ª séries rurais, 5ª a 8ª séries urbanas, 5ª a 8ª séries rurais, ensino médio urbano, ensino médio rural, ensino médio profissionalizante, educação de jovens e adultos, educação especial, educação indígena e de quilombolas[7].

Ao contrário do Fundef, que teve vigência de dez anos (com prazo expirado em dezembro de 2006), o Fundeb terá duração de 14 anos (2007-2020) e será implementado de forma gradativa.

Na composição do Fundeb, temos 20% dos mesmos impostos previstos na cesta de tributos do Fundef, compreendidos por ICMS, FPE, FPM e IPI-exp. Além disso, há previsão de complementação da União, com aplicação idêntica de suplementação de recursos aos estados e municípios que não consigam atingir o valor anual mínimo por aluno, e a inclusão de 20% de três novos impostos no total da fonte dos recursos. Verificamos no Quadro 2.2, a seguir, quais são os novos impostos.

---

7 Quilombolas são descendentes de escravos negros cujos antepassados, no período da escravidão, fugiram dos engenhos de cana-de-açúcar para formar os agrupamentos de refugiados e de resistência chamados de *quilombos*.

Quadro 2.2 – Impostos vinculados ao Fundeb, além de ICMS, FPE, FPM e IPI-exp

Imposto	Descrição	Composição	Observações
ITCMD	Imposto sobre Transmissão *Causa Mortis* e Doação de Quaisquer Bens ou Direitos	Prevista conforme inciso I do art. 155 da CF	Imposto instituído pelos estados e pelo Distrito Federal
IPVA	Imposto sobre a Propriedade de Veículos Automotores	Composto pelo inciso III do art. 155, combinado com inciso III do art. 158 da CF	Imposto instituído pelos estados e pelo Distrito Federal
ITR	Imposto sobre a Propriedade Territorial Rural	50% devido aos municípios, conforme o inciso II do art. 158 da CF	Imposto instituído pela União, de acordo com o inciso VI do art. 153 da CF

Fonte: Adaptado de Brasil, 2006c, 1996c, 2007.

Basicamente, para observar os avanços tidos com o Fundeb, devemos pontuar as novas disposições encontradas na Lei n. 11.494/2007 e na Emenda Constitucional n. 53, principalmente no art. 206 da CF de 1988 – que estabelece em sete incisos os princípios segundo os quais o ensino será ministrado.

Para facilitar a leitura do texto original de 1988 e a subjacente EC n. 53, faremos um paralelo no quadro a seguir, transcrevendo integralmente as respectivas redações do inciso V, devido à sua relevância em relação aos demais e para posteriores comentários.

Quadro 2.3 – Alteração do art. 206 da CF pela Emenda Constitucional n. 53

Constituição Federal de 1988	Emenda Constitucional n. 53
Art. 206 [...] V – Valorização dos profissionais do ensino, garantido, na forma da lei, plano de carreira para o magistério público, com piso salarial profissional e ingresso exclusivamente por concurso público de provas e títulos, assegurado regime jurídico único para todas as instituições mantidas pela União.	Art. 206 [...] V – Valorização dos profissionais da educação escolar, garantidos, na forma da lei, planos de carreira, com ingresso exclusivamente por concurso público de provas e títulos, aos das redes públicas.

Fonte: Brasil, 1988a, 2006b.

Comparando o texto do inciso V da EC n. 53 com o texto constitucional original, percebemos que há abrangência de valorização de carreira para todos os profissionais da educação, o que antes se restringia somente aos profissionais do ensino.

Cabe ressaltar que a EC n. 53 acrescentou o inciso VIII no art. 206, com a seguinte redação:

> Art. 206. [...]
> VIII. Piso salarial profissional nacional para os profissionais da educação escolar pública, nos termos de lei federal.
> Parágrafo único. A lei disporá sobre as categorias de trabalhadores considerados da educação básica e sobre a fixação de prazo para a elaboração ou adequação de seus planos de carreira, no âmbito da União, dos Estados, do Distrito Federal e dos Municípios.

Compete lembrar que a expressão *nos termos de lei federal* nos remete à regulamentação desse piso salarial em outro dispositivo legal. Destacamos, porém, que na Lei n. 11.494/2007, em seu art. 41, foi estabelecido o prazo de até 31 de agosto de 2007 para fixar o piso nacional para os profissionais do magistério público da educação básica.

Sobre a questão do piso salarial, vale registrar alguns avanços obtidos com o Fundeb. O primeiro refere-se a possíveis melhorias na carreira educacional, pela ampliação percentual de 9% para 12%, para atender a todos os profissionais da educação. O segundo é observado na viabilização do piso salarial profissional nacional e na implantação de planos de carreira, remuneração condigna[8], estímulo ao trabalho e capacitação profissional voltada à formação continuada, prevista no art. 40, incisos I, II e III e parágrafo único da referida lei.

Com relação a acompanhamento, controle social e fiscalização do novo fundo, a própria União Nacional dos Dirigentes Municipais de Educação (Undime)[9] aponta mudanças favoráveis. Primeiramente, no Fundeb, o Poder Público dará publicidade mensal dos registros contábeis e dos demonstrativos gerenciais relativos aos recursos repassados (art. 25 da Lei n. 11.494/2007).

Em segundo lugar, o conselho constituído pelo fundo, para acompanhamento e controle social sobre a transferência e aplicação dos recursos permite, em sua composição, um representante do Conselho Municipal de Educação e do Conselho Tutelar. Aceita também que os municípios criem os Conselhos de Fiscalização e Acompanhamento ou que fortaleçam seus Conselhos Municipais, integrando-os ao conselho do fundo e instituindo uma câmara específica para o controle social sobre a distribuição, a transferência e a aplicação dos recursos. Tudo isso não existia na composição do Conselho do Fundef e é positivo em termos de representatividade e exercício colegiado de cidadania.

---

8 Proporcional ao mérito.

9 A Undime é uma entidade nacional que congrega os dirigentes municipais de educação. Fundada em outubro de 1986, é uma associação civil sem fins lucrativos e autônoma. Por meio da Undime, as Secretarias Municipais de Educação podem estabelecer redes solidárias de troca de informações e experiências, fomentando e apoiando interesses da educação municipal e integrando seus representantes no processo decisório do setor educacional. Para mais informações, sugerimos o acesso ao *site* <http://www.undime.org.br>.

Por fim, existe a proibição de que cônjuges e parentes de até segundo grau de gestores, prestadores de serviços aos órgãos públicos e pais de alunos que exerçam cargos comissionados ou prestem serviços terceirizados à administração pública participem do conselho. Os membros serão indicados pelos seus pares, tendo no mínimo oito membros em nível municipal.

Sobre a vigência do Fundeb, ele teve implementação gradual em três anos, tanto na subvinculação dos impostos quanto na complementação da União e na inserção das matrículas. Houve previsão de um percentual de recursos a serem repassados progressivamente no decorrer dos anos, até 2009, totalizando os 20% previstos do fundo. Na tabela a seguir, demonstramos essa progressiva implementação do Fundeb.

Tabela 2.4 – Implementação do Fundeb em três anos

Dados	2007	2008	2009
Impostos antigos	16,66%	18,33%	20%
Impostos novos	6,66%	13,33%	20%
Complementação da União(*)	2 bilhões	3 bilhões	4,5 bilhões
Matrículas	Ens. Fund. + 1/3 demais níveis	Ens. Fund. + 2/3 demais níveis	Toda a educação básica

(*) Os valores da complementação serão atualizados com base no Índice Nacional de Preços ao Consumidor (INPC).
Fonte: Adaptado de Brasil, 2007.

Observamos pela Tabela 2.4 que, ao fim de três anos, a complementação da União é de 10% do total de recursos oriundos dos impostos já mencionados e no máximo suporta 30% da vinculação dos recursos para a MDE, estabelecida em 18% (conforme o art. 212 da CF de 1988 e o art. 68 da LDBEN de 1996, já mencionado no primeiro capítulo desta obra). Traduzindo, 30% sobre os 18% corresponde a 5,4% de complementação da União ao Fundeb, sendo vedada a utilização dos recursos do salário-educação (parágrafo 1º do art. 5º da MP 339 e inciso V do art. 60 do ADCT, conforme redação dada pela EC n. 53).

Apesar de serem apontadas, até aqui, as vantagens do Fundeb, não se pode deixar de mencionar que existem lacunas que deverão ser corrigidas no decorrer desses 14 anos de vigência. Uma delas refere-se à restrição na contagem de matrículas, visto que se destina somente ao ensino presencial e obedece aos critérios do art. 211 da CF de 1988, o qual trata sobre a organização de nosso sistema de ensino.

Dessa forma, considerando o fato de os municípios atuarem prioritariamente no ensino fundamental e na educação infantil e de os estados e o Distrito Federal atuarem nos ensinos fundamental e médio, as matrículas estaduais da educação infantil e as matrículas municipais do ensino médio **não serão contadas para efeito da distribuição dos recursos**, deixando um número significativo de alunos fora do novo fundo.

A outra lacuna refere-se ao fato de ainda não atingirmos, com o novo fundo, as metas determinadas no Plano Nacional de Educação, pois nosso gasto com educação previsto ao fim do terceiro ano não atinge o percentual requerido no plano para assegurar uma escola de qualidade a todos os brasileiros.

O amplo consenso a respeito da nova sistemática de financiamento da educação básica criou as condições favoráveis para implementar o Fundeb. Contudo, mesmo com sua aprovação e vigência a partir de 2007, há de se pensar na necessidade constante de buscarmos outras fontes para ampliar os recursos destinados ao nosso sistema de ensino, bem como o apoio aos programas estratégicos voltados à melhoria educacional, como ampliação de convênios e contratos de parceria empresa-escola.

Diante dos esclarecimentos sobre a natureza dos fundos que financiaram e ainda financiam a educação em nosso país e de toda essa imersão em leis, artigos, incisos e normas educacionais, podemos, nos próximos capítulos, tratar das atividades que especificamente são de responsabilidade do gestor escolar, como o controle patrimonial e o planejamento e execução da gestão material e de recursos financeiros.

Cabe aqui o reforço ao entendimento de que somente podemos compreender como funciona a gestão e a organização administrativa de uma escola, em termos de orçamento e controle das finanças, quando visualizamos o funcionamento dos órgãos públicos superiores, como secretarias municipais e estaduais de educação ou coordenadorias e setores educacionais, no caso dos municípios pequenos. Por tudo isso, situamos o leitor a respeito de como é financiada a educação pública e sobre a aplicação dos recursos para atender a tão almejada qualidade de ensino no Brasil.

Síntese

No estudo deste capítulo, fizemos um paralelo dos fundos de financiamento da educação, analisando o antigo Fundef e o atual e vigente Fundeb.

O Fundeb, cuja vigência é de 14 anos, abrange toda a educação básica, reportando-se às metas do Plano Nacional de Educação e superando as distorções de atendimento parcial e exclusivo ao ensino fundamental, como previa o Fundef.

Apesar de abarcar toda a educação básica, a inclusão de todas as matrículas das 11 faixas cobertas (educação infantil – creche e pré-escola –, 1ª a 4ª séries urbanas, 1ª a 4ª séries rurais, 5ª a 8ª séries urbanas, 5ª a 8ª séries rurais, ensino médio urbano, ensino médio rural, ensino médio profissionalizante, educação de jovens e adultos, educação especial, educação indígena e de quilombolas) será gradual, à razão de 25% ao ano.

Também foi gradual a ampliação da cesta de impostos, de modo a atingir 20% no fim do quarto ano de vigência do Fundeb. Temos, na composição total de impostos, os já conhecidos ICMS, FPE, FPM, IPI-exp e os novos tributos, como ITCMD, IPVA e ITR. Fica fora do Fundeb a Lei Kandir e mantém-se a Complementação da União para estados e Distrito Federal que não atinjam o mínimo definido nacionalmente como valor médio ponderado por aluno anualmente.

Atividades de autoavaliação

1. A vigência do Fundeb será:
   a) de 20 anos, contadas a partir de 2007.
   b) de 10 anos, conforme o Fundef.
   c) de 14 anos, até 31/12/2020.
   d) em conformidade ao número de alunos matriculados na educação básica.

2. Com relação ao Fundeb, é incorreto dizer que:
   a) Sobre as novas fontes de recursos, temos o ITCMD, o IPVA, e a cota parte de 50% do ITR.
   b) Sua implementação é progressiva nos primeiros quatro anos de vigência, no valor correspondente a dois terços do montante de recursos, devido à adoção gradativa da ampliação para nove anos do ensino fundamental.
   c) A União complementará os recursos dos fundos sempre que, em cada estado e no Distrito Federal, o valor por aluno não alcançar o mínimo definido nacionalmente.
   d) Os recursos serão utilizados na MDE, conforme o art. 70 da Lei n. 9.394/1996 (LDBEN), sendo vinculado o mínimo de 60% para remuneração dos profissionais do magistério da educação básica.

3. A abrangência do Fundeb é de:
   a) 11 faixas de atendimento, incluindo em destaque a educação infantil, o ensino médio e o EJA.
   b) ensino fundamental e educação infantil.
   c) todo o sistema de ensino, da educação infantil ao ensino superior.
   d) todo o sistema de ensino médio, menos as matrículas da educação especial, da educação indígena e de quilombolas.

4. Assinale com (V) as alternativas verdadeiras e com (F) as falsas.
   ( ) O Fundef prevê 60% dos recursos da MDE para atendimento do ensino fundamental, o que totaliza 15% dos impostos vinculados ao fundo.
   ( ) O Fundeb amplia a cesta de impostos e a previsão do percentual sobre a MDE, que passa a 20%, atendendo toda a educação básica.
   ( ) Fundef e Fundeb apresentam a mesma cesta tributária.
   ( ) A Lei Kandir é prevista no Fundef e retirada do Fundeb.

5. Analisando os itens a seguir, é correto afirmar:
   a) A Complementação da União é prevista somente no Fundef, pois com a ampliação dos impostos os recursos garantidos pelo Fundeb podem atender a todos os alunos matriculados.
   b) O valor da DRU de 20% não afeta em nada a receita bruta de impostos destinados para a MDE.
   c) Deve-se tomar o valor do PIB nacional como meta em todos os Estados do Brasil, visto que sua aplicação é igual em cada federação e se assemelha ao valor aplicado nos países desenvolvidos.
   d) Apesar dos esforços em ampliar a cesta de tributos, no fim de três anos, o Fundeb não atinge as metas estabelecidas no Plano Nacional da Educação, para assegurar qualidade de educação para todos.

Atividades de aprendizagem

Questões para reflexão

1. Monte um quadro sobre o Fundef, incluindo os seguintes dados:
   a) vigência;
   b) previsão de alunos atendidos;

c) alcance de atendimento de ensino;
d) fonte de recursos;
e) montante de recursos previstos, considerando que no Fundeb as estimativas obedecem à implementação gradual do fundo;
f) complementação da União;
g) total geral de recursos do fundo;
h) utilização dos recursos (subvinculação para a carreira de magistério ou dos profissionais da educação).

2. Monte um quadro sobre o Fundeb, apresentando os mesmos itens pedidos na questão anterior.

Atividade aplicada: prática

1. Analise uma possível ampliação da cesta de impostos do Fundeb, considerando:
   a) a capacidade de arrecadação do seu município em IPTU e ISS, que são impostos próprios da municipalidade;
   b) a aplicação desses impostos sobre a educação infantil e o ensino fundamental.

Para tanto, você terá de buscar essas fontes na prefeitura municipal de sua cidade, e fazer a projeção dos valores a serem gastos com educação, obedecendo à vinculação de 20% desses impostos (IPTU e ISS).

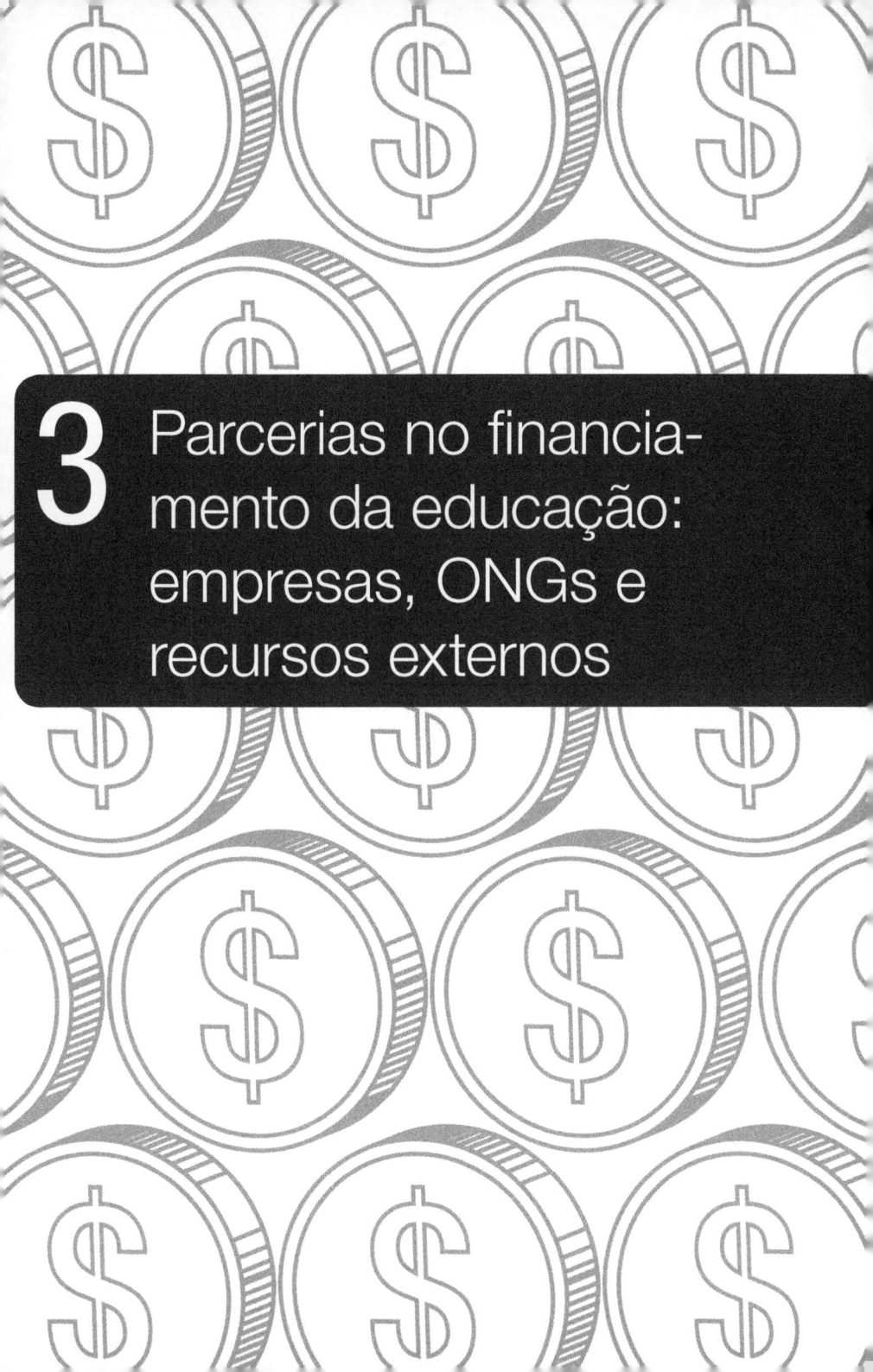

3 Parcerias no financiamento da educação: empresas, ONGs e recursos externos

Neste capítulo, falaremos das possíveis parcerias existentes entre órgãos públicos e empresas privadas, assim como entre órgãos públicos e recursos externos que são destinados ao ensino no Brasil.

O interesse das empresas em estabelecer parcerias e investir no setor educacional será observado tendo por base a obra de Oliveira (2005), bem como será verificada a inserção do empresariado na discussão da melhoria da qualidade da educação básica, visando à superação da visão reducionista e utilitária de educação, que privilegiava somente o treinamento técnico de mão de obra para o trabalho.

A respeito dos recursos externos, apontaremos os financiamentos do Banco Mundial e discutiremos as diretrizes estabelecidas por esse organismo internacional para a implantação e a execução de projetos educacionais, com o intuito de fortalecer a educação básica e estimular políticas de qualificação profissional, para que haja desenvolvimento econômico em países como o Brasil, redução dos índices de diferença de concentração renda e maior participação da economia nacional no mercado internacional (Fonseca, 1995).

3.1 Diferença entre recursos públicos e privados

Antes de iniciarmos a explanação deste capítulo, é preciso esclarecer e diferenciar os recursos públicos, que mantêm a rede pública nacional de ensino, e os privados, das escolas particulares.

Até aqui, tratamos somente de apresentar as fontes públicas de recursos para a educação. Sem querer desmerecer a rede de instituições privadas de ensino, registraremos tão somente que essas instituições se sustentam pois captam seus recursos por meio das mensalidades escolares cobradas dos alunos.

Ressaltamos que uma escola privada é registrada como empresa no Cadastro Nacional da Pessoa Jurídica (CNPJ), devendo declarar para fins de Imposto de Renda da Pessoa Jurídica (IRPJ) o seu patrimônio, a renda resultante das operações de cobrança das mensalidades e de aplicações financeiras e os serviços vinculados à sua finalidade essencial.

Raramente uma empresa privada irá financiar projetos de uma escola particular. Aqui cabe o registro de que as doações de valores ou patrocínios a projetos sociais e culturais em nosso país representam abatimentos no Imposto de Renda de até 4% sobre o imposto a pagar, pela Lei de Incentivo à Cultura n. 8.313/1991, conhecida como Lei Rouanet.

Não entraremos na apresentação minuciosa da Lei Rouanet, a qual envolve percentuais de abatimento distintos entre valores doados e patrocínios realizados por empresas, além de permitir apenas o incentivo fiscal às empresas que prestam declaração sobre seu lucro real. Fora isso, teríamos de abrir muito o assunto e caminhar por um viés de discussão tributária que envolveria o Regulamento do Imposto de Renda – RIR (Decreto n. 3.000/1999) e alterações da própria Lei Rouanet disciplinadas por outras leis.

A intenção de comentar que uma escola particular é uma empresa e apresentar a Lei Rouanet nos leva à conclusão de que uma instituição privada de ensino pode financiar projetos sociais que tenham enfoque cultural e educacional, obtendo incentivos de abatimento fiscal na declaração do Imposto de Renda (IR).

Já comentamos no primeiro capítulo que algumas escolas privadas, quando registradas como filantrópicas, comunitárias ou confessionais, estão isentas do pagamento do IRPJ e, inclusive, não devem apresentar superávit[1] em suas contas.

Caso ocorra superávit em determinado exercício (ano), a escola pode destinar o referido resultado superavitário e os excedentes financeiros integralmente à manutenção e ao desenvolvimento dos seus objetivos educacionais (Lei n. 9.532/1997, art. 12, parágrafo 3º, alterado pela Lei n. 9.718/1998, art. 10º e pela Lei Complementar n. 104, de 2001, bem como CF de 1988, art. 213, incisos I e II). Nesse caso, a instituição encontra-se imune de pagamento do IRPJ e da Contribuição Social sobre o Lucro Líquido (CSLL), mas deve cumprir com a obrigação da declaração de isenção.

As instituições de educação que comprovam finalidade não lucrativa e concorrem às normas isentivas são diferentes das escolas registradas como empresa e, conforme prevê o *site* da Receita Federal (Brasil, 2008b), devem atender aos seguintes requisitos:

- não remunerar, por qualquer forma, seus dirigentes pelos serviços prestados;
- aplicar integralmente no país seus recursos na manutenção e no desenvolvimento dos seus objetivos institucionais;
- manter escrituração completa de suas receitas e despesas;
- conservar em boa ordem, pelo prazo de cinco anos, contados da data da emissão, os documentos que comprovem a origem de suas receitas e a efetivação de suas despesas, bem como a realização de quaisquer outros atos ou operações que venham a modificar sua situação patrimonial;

---

[1] Superávit é o lucro resultante de, em um orçamento, ter mais ganhos do que gastos. Tal orçamento é chamado de *superavitário*. Também pode ser a denominação do que corresponderia ao lucro, em balanços de empresas não econômicas ou sem fins lucrativos. O oposto é o déficit.

- apresentar anualmente a Declaração de Informações Econômico-Fiscais da Pessoa Jurídica (DIPJ), em conformidade com o disposto pela Secretaria da Receita Federal;
- assegurar a destinação de seu patrimônio a outra instituição que atenda às condições para gozo da imunidade, no caso de incorporação, fusão, cisão ou de extinção da pessoa jurídica – na ausência de outra instituição que atenda ao critério de imunidade, o patrimônio poderá ser destinado a órgão público;
- não distribuir qualquer parcela de seu patrimônio ou de suas receitas, a qualquer título.

Fechando o entendimento da distinção de instituição pública e privada e de quem pode ou não receber verbas públicas, destacamos também as instituições ou associações civis que prestam serviços educacionais sem fins lucrativos, chamadas *organizações não governamentais* (ONGs), *terceiro setor* ou *organizações da sociedade civil* (OSCs).

Sendo assim, entidades enquadradas como Organizações da Sociedade Civil de Interesse Público (Oscips), que prestam serviços em caráter complementar às atividades do Estado – por exemplo, no setor educacional –, além de contarem com o recebimento de verba pública, celebrada em convênio, podem se beneficiar da isenção fiscal do IR.

3.2 Parcerias na educação pública

Voltando a tratar especificamente do assunto proposto neste capítulo, destacamos que existem políticas de parceria que estimulam empresas privadas a apoiarem financeiramente as escolas públicas, além dos convênios permitidos e celebrados entre as esferas públicas distintas (federal e estadual ou estadual e municipal, por exemplo), bem como entre entidades públicas e privadas. No caso dos convênios, os recursos são repassados por meio das Fundações Públicas.

Para efeito de esclarecimento, compreendemos por *Fundação Pública* a entidade dotada de personalidade jurídica de direito privado, sem fins lucrativos, criada em virtude de autorização legislativa para o desenvolvimento de atividades e o gerenciamento de recursos que não exijam ou não permitam a execução por órgãos ou entidades de direito público. Apresenta autonomia administrativa, patrimônio próprio gerido pelos respectivos órgãos de direção e funcionamento custeado por recursos da União, dos estados ou de outras fontes, como os de natureza privada oriundos de empresas.

Sem querer justificar ou mostrar qualquer relevância das políticas de parceria adotadas por secretarias municipais ou estaduais de educação, acreditamos que cabe aqui a definição de *convênio* e de *contrato*, para situar o leitor de como é celebrada essa cooperação entre instituições públicas e empresas privadas.

Conforme apresentado por Sasso, convênio é um instrumento "de que se vale o Poder Público para associar-se quer com outras entidades públicas, quer com entidades privadas, para a realização de objetivos de interesse comum" (Sasso, 2002, p. 2), sendo esse interesse recíproco e os signatários[2] designados como *partes*. Ainda segundo a mesma autora, no contrato "os interesses são opostos ou contraditórios" (Sasso, 2002, p. 3) e os signatários são denominados *partícipes*.

A respeito de convênio, é válida a transcrição a seguir, da produção de Sasso (2002, p. 3), em função da objetividade e da clareza de sua redação.

> O convênio representa, portanto, uma cooperação associativa entre entidades da administração de qualquer espécie ou entre estas e particulares, podendo ser classificados como internos ou externos. Os convênios internos são acordos celebrados entre as pessoas jurídicas de direito público

---

2 Aquele que assina ou subscreve um documento.

> (União, Estados – membros, Distrito Federal, Municípios). Os convênios externos, por sua vez, são acordos de vontade celebrados entre entidades da Administração e particulares, com vistas à consecução de objetivos comuns.

Como o convênio pode ter por objeto o fomento do setor educacional, que deveria ser uma atividade totalmente mantida pelo poder público, algumas empresas têm investido em parcerias de natureza jurídica (convênios) para garantir a formação e a qualificação dos trabalhadores, como fator de competitividade industrial e desenvolvimento econômico do país (Oliveira, 2005).

Oliveira destaca que o empresariado "elegeu a educação como meta fundamental para alavancar a modernização, responsabilizando-a pela mudança na problemática social" (Oliveira, 2005, p. 91).

O que o empresariado recomenda é mais do que propostas, é sua participação direta como "sujeito ativo no processo de reformulação da política educacional" (Oliveira, 2005, p. 91). Essa participação é observada nas parcerias de gestão escolar, interferindo no currículo, na avaliação e no planejamento da escola com metas a serem atingidas pela direção, pelos professores, pelos funcionários e pelos alunos, que são envolvidos na responsabilização do desempenho de sua escola.

Até aqui apresentamos os interesses de cooperação e parceria da empresa para com a escola. Contudo, ela também pode buscar soluções para manter certo padrão de qualidade, procurando parcerias. Para tanto, a maioria das prefeituras e dos estados vêm criando novas estruturas para concretizar as prioridades de atendimento da infraestrutura escolar, passando a criar seus próprios fundos – Fundo Municipal de Desenvolvimento da Educação (FMDE) e o Fundo Estadual de Desenvolvimento da Educação (FDE).

A constituição desses fundos deve ter vínculo direto com as secretarias e conselhos de educação, mas, em contrapartida, eles devem gozar de relativa autonomia como unidade orçamentária e de gestão, para firmar acordos ou convênios com outras entidades públicas – federais, estaduais ou municipais – ou privadas, captando recursos de auxílios, subvenções, transferências, contribuições e participações desses órgãos parceiros. As receitas também poderão advir de doações de pessoas físicas e jurídicas, públicas e privadas, nacionais e estrangeiras.

Na esfera federal, temos como exemplo de assistência financeira e transferência de recursos do Ministério da Educação (MEC) para os estados e municípios o Fundo Nacional de Desenvolvimento da Educação (FNDE), responsável pela captação de recursos financeiros para o desenvolvimento de uma gama de programas que objetivam a melhoria da qualidade da educação brasileira.

Tais recursos são destinados para escolas públicas de ensino fundamental, governos municipais e estaduais e do Distrito Federal, bem como para ONGs que atendem a educação especial.

As transferências de recursos do FNDE podem ser realizadas de forma automática ou mediante convênios. As transferências diretas ou automáticas são aquelas realizadas sem a utilização de convênio, ajuste, acordo ou contrato, na qual se depositam os recursos em conta corrente específica, cabendo às unidades mantenedoras de ensino (secretarias municipais e estaduais) sua respectiva distribuição e controle.

Atualmente, os recursos do FNDE, conforme o *site* do MEC (Brasil, 2006c), integram os programas citados a seguir, além de outros que não foram considerados relevantes para serem destacados neste livro. Caso nosso leitor tenha interesse em conhecer cada programa, basta acessar o *site* do MEC; contudo, adiantamos que o PDDE será tratado no próximo capítulo, pelas características de atender diretamente ao nosso gestor escolar:

a) Programa Nacional de Alimentação Escolar (PNAE);
b) Programa Dinheiro Direto na Escola (PDDE);
c) Programa de Apoio aos Sistemas de Ensino para Atendimento de Jovens e Adultos;
d) Programa Nacional de Apoio ao Transporte do Escolar (PNATE);
e) Programa Brasil Alfabetizado.

Ainda tomando por base as informações disponibilizadas pelo MEC, o FNDE presta assistência financeira suplementar a programas e projetos educacionais, em forma de convênios e por meio da apresentação de planos de trabalho, elaborados pelas secretarias municipais e estaduais de educação, de acordo com os projetos encaminhados pelas escolas integradas às suas redes de ensino (Brasil, 2006c).

3.3 O Banco Mundial e a educação no Brasil

Apontamos até aqui as diversas formas de financiamento que a educação pública pode receber, por meio de convênios e acordos de cooperação. Dando continuidade à nossa proposta de apresentar os recursos externos recebidos para o setor educacional, destacaremos os casos de financiamento mantidos pelo Banco Mundial, que visam apoiar o desenvolvimento de projetos estaduais e implementar experiências para a melhoria da qualidade da escolarização da primeira etapa do ensino fundamental.

Para esclarecer o papel do Banco Mundial, vale informar o que é o referido banco. Conforme Freitas (2014), o Banco Mundial é uma agência das Nações Unidas, criada em 1944, com o intuito de financiar a reconstrução dos países destruídos na Segunda Guerra Mundial. Hoje, as ações do Banco visam à exclusão da pobreza no mundo, permitindo a concessão de empréstimos e financiamentos aos países em desenvolvimento, para esse propósito. Pertencem ao Banco Mundial as instituições Banco Internacional para a Reconstrução e o Desenvolvimento (Bird) e a Associação Internacional de Desenvolvimento (AID), que muitas vezes são consideradas como se fossem uma só entidade.

Pelo seu papel de concessão de financiamento e empréstimos, não podemos deixar de registrar como o Banco Mundial vem influenciando as políticas educativas em nosso país, impulsionando mudanças nas formas de gestão e na alocação dos recursos. Essas políticas educativas estão contidas no conjunto de programas de ajuste econômico, no qual a educação é vista como instrumento poderoso para redução da pobreza e como fator de formação de capital humano para o trabalho.

Analisando as leituras feitas por Tommasi (2000) e Fonseca (2000) sobre o Banco Mundial, podemos dizer que suas propostas de financiamento na área da educação vêm ao encontro do movimento de esvaziamento das políticas de bem-estar social, embalando nosso sistema educacional na lógica neoliberal de racionalização de custos e no planejamento ordenado e estratégico para se definirem prioridades nos gastos públicos.

Contudo, observamos que essa mesma linha de financiamento e cooperação técnica do banco impulsiona a educação em nosso país para garantir que todos sejam alfabetizados sem distinção e completem, no mínimo, os quatro primeiros anos do ensino fundamental, que é a escolarização básica citada pelo Banco Mundial. Além disso, nessa lógica de acesso e permanência na escola, algumas propostas são realizadas com o intuito de garantir a continuidade dos estudos, permitindo inclusive a conclusão do ensino médio e a opção pela formação no ensino técnico-profissionalizante.

Conforme aponta Fonseca, a cooperação técnica e financeira do Banco Mundial ao setor educacional brasileiro iniciou-se na primeira metade da década de 1970 e foi realizada até a década de 1990, por meio de projetos de cofinanciamento, em que o Banco Mundial não emprestava diretamente, mas ressarcia "o país pelos gastos antecipados (contrapartida) por conta do futuro crédito. Em tese, a parte nacional deveria corresponder a 50% do custo total do projeto" (Fonseca, 2000).

Ainda segundo a autora (2000), esses projetos apresentavam duas tendências:

> A primeira busca integrar os objetivos dos projetos educacionais à política de desenvolvimento do Banco para a comunidade internacional; nesta modalidade, situam-se os projetos de educação fundamental integrados a projetos setoriais específicos, como os de desenvolvimento rural, por exemplo. A segunda atribui à educação caráter compensatório, entendido como meio de alívio à situação de pobreza no Terceiro Mundo, especialmente em períodos de ajustamento econômico.

Com isso, temos projetos que privilegiam a formação e a expansão técnica para o setor produtivo, justificando, assim, os investimentos no período de 1971 a 1978 para melhoria da infraestrutura de escolas agrícolas e até mesmo a construção de uma nova escola-fazenda. Nesse mesmo período, pensando no setor industrial, aconteceram reformas de escolas técnicas de 2º grau, compra de equipamentos e construção de centros de ensino profissionalizante, reforçando a implementação da reforma educativa da LDBEN n. 5.692, de 1971.

Os exemplos citados não pretendem demonstrar, em momento algum, que os investimentos do Banco Mundial foram somente esses e na década de 1970. Existiram projetos voltados para o ensino primário – quatro anos de escolarização inicial –, que somavam a melhoria na aprendizagem dos alunos à capacitação dos professores.

Existe o indicativo, apontado pela mesma autora, de que esses projetos não obtiveram a eficácia esperada, por conta da fragilidade do governo brasileiro em compatibilizar a estrutura do financiamento, a natureza da ação educativa proposta e as características institucionais do próprio MEC.

Portanto, a morosidade na execução dos projetos resultava em um aumento do custo no financiamento, ocasionado principalmente pela complexidade organizacional do MEC, que atrasava o processo de repasse de recursos às unidades executoras e a prestação de contas de cada exercício financeiro. Além disso, tínhamos (e temos) a substituição do quadro de funcionários a cada eleição, o que facilitava o abandono do acompanhamento dos projetos e a prevalência de interesses políticos ao se aprovar novos projetos e programas em detrimento dos que compunham o planejamento do gestor antecessor.

Devemos compreender que, embora a política do Banco Mundial se designe como *cooperação*, seus investimentos caracterizam-se como empréstimos convencionais, submetidos a regras contratuais e encargos financeiros e comerciais.

Sobre os investimentos realizados no Brasil, em linhas gerais, o Banco Mundial atualmente busca superar os fatores que mais contribuem para a ineficiência da educação brasileira, caracterizados por: falta de livros didáticos e outros materiais pedagógicos; práticas pedagógicas impróprias que estimulam a reprovação e a repetência; baixa capacidade de gestão e gastos inadequados na área.

Como medida para melhorar esse quadro de ineficiência, o Banco passou a investir suas ações em: providenciar livros didáticos e outros materiais de ensino; melhorar as habilidades dos professores mediante formas de capacitação permanente, com cursos, palestras, seminários etc.; incentivar o gerenciamento setorial, monitorando recursos e acompanhando o desempenho dos alunos – neste último, vê-se a implantação do Sistema de Avaliação da Educação Básica (Saeb) e a Prova Brasil.

Voltando a falar sobre a lógica mercantil do Banco Mundial, conforme dados obtidos por Tommasi, na seleção do livro didático a ser financiado no Projeto Nordeste em 1995, por exemplo, prevaleceu a escolha do livro mais barato e que não se encontrava nas recomendações da comissão técnica de avaliação do próprio MEC (Tommasi, 2000).

Tratando ainda dos investimentos do Banco Mundial, existem outros componentes que se referem à infraestrutura – e que não são considerados como prioritários pelo Banco –, bem como o atendimento às regiões do país em que os problemas educacionais são mais agudos. Nesse caso, destaca-se o Projeto Nordeste e, mais recentemente, o Fundescola.

O **Fundescola** é um programa financiado com recursos da União em cooperação com o Banco Mundial, desenvolvido em parceria com as secretarias estaduais e municipais de educação, nas regiões Norte, Nordeste e Centro-Oeste – sem abranger o Distrito Federal. Tem como objetivo ampliar a permanência das crianças nas escolas públicas e melhorar a qualidade de ensino, aumentando as taxas de aprovação no ensino fundamental e a obtenção de graus satisfatórios de aprendizagem dos alunos de 5ª a 8ª séries.

Para cumprir com tal objetivo, o programa propõe desenvolver ações de fortalecimento da escola por meio de convênios com os municípios, mediante adesão destes. Para tanto, estados, municípios e escolas devem adotar a metodologia do planejamento estratégico, que leve à racionalização e à eficiência da gestão e do trabalho escolar.

Não compete aqui detalharmos como funciona o Fundescola, e sim o registro de um exemplo de programa atual apoiado com recursos internacionais.

O que podemos apontar e destacar com essas parcerias e programas, subsidiados com recursos do Banco Mundial, é o fato de termos o cuidado de não pensarmos na educação simplesmente como oferta de um produto a ser negociado no mercado.

Por isso é importante realizarmos uma análise sobre o modelo de reforma educacional que vem sendo implantado em nosso país, centrado na prioridade da educação básica e na abertura a investimentos que atendem às análises de custo-benefício, na ênfase em insumos pedagógicos e em tecnologias educativas. Tudo isso com o objetivo de eliminar as características de atraso no nosso sistema de ensino, que se tornam indesejáveis ao padrão do desenvolvimento socioeconômico de um mundo globalizado.

Contudo, mesmo fazendo uma análise de todo o processo educacional vigente, com índices de desempenho mensurados e empresas que visam à projeção do crescimento de suas atividades produtivas – num investimento crescente da área de recursos humanos e da educação –, não devemos nem podemos negar a colaboração e a cooperação do empresariado com a escola, alegando desconfiança sobre seus interesses nesse setor. Podemos, sim, acatar esse auxílio e permitir a propulsão necessária para garantir mais eficiência do sistema de ensino no país.

Quanto ao Banco Mundial, seu receituário é padrão para vários países, e compete ao governo federal desenvolver um planejamento educacional, a longo prazo, envolvendo não somente a gestão da escola, a sala de aula ou os baixos índices de rendimentos nos exames que compõem o Índice de Desenvolvimento da Educação Básica (Ideb)[3], por exemplo, mas englobando o contexto social brasileiro – que incide nos problemas de baixo rendimento escolar e de fragilidade no processo de aprendizagem dos alunos.

---

3 O Ideb foi criado para definir as metas a serem alcançadas para se garantir educação com qualidade, conforme prevê o Plano de Desenvolvimento da Educação (PDE). O Ideb avalia o ensino por escola, município ou estado, atribui notas de 0 a 10 e leva em conta o desempenho dos alunos na Prova Brasil e no Saeb, bem como as taxas de aprovação, reprovação e abandono escolar.

Sabendo que a gestão dos recursos materiais da escola tem recebido muita atenção por parte das empresas e de organismos internacionais – como o Banco Mundial –, apresentaremos no próximo capítulo a forma como acontece essa administração e organização, para que todos os profissionais envolvidos com o exercício da função de gestor escolar se comprometam com a conquista da almejada qualidade dos serviços educacionais.

Síntese

Pensar no atendimento da educação e da escola não é uma tarefa isolada. Vimos, neste capítulo, que as parcerias representam os instrumentos para cooptar recursos humanos e materiais necessários à garantia de qualidade dos serviços escolares.

Para as escolas privadas, é fácil pensar em investimentos e na ampliação da oferta de serviços com qualidade. Geralmente os encargos educacionais que podem atender a esse fim são pagos pelos alunos com as anuidades ou mensalidades escolares.

No setor público, temos a permissão de estabelecer parcerias por meio de convênios, contratos e acordos regidos entre empresas privadas e secretarias municipais ou estaduais de educação. As parcerias, nesse caso, ocorrem por meio de fundações públicas criadas com o intuito de gerenciar os recursos captados para atender a determinado órgão público.

A criação de fundos para a educação tem recebido mais atenção por parte das administrações públicas municipais e estaduais. Com os fundos, pode-se captar recursos e aplicá-los em programas e projetos educacionais elaborados conforme o planejamento estratégico e de gestão de governo. O melhor exemplo de excelência e eficiência na utilização de fundos para investimento é o Fundo Nacional de Desenvolvimento da Educação (FNDE).

Além das parcerias inter e intragovernamentais, públicas e privadas, destacamos os financiamentos do Banco Mundial obtidos pelo MEC, exemplificando que alguns programas educativos são mantidos ou foram patrocinados mediante a utilização de recursos externos.

Atividades de autoavaliação

1. Sobre convênio, é correto afirmar:
   a) É uma cooperação associativa entre entidades da administração pública de qualquer espécie ou entre estas e as particulares.
   b) É um contrato firmado somente entre empresas privadas e órgãos da Administração Pública.
   c) É um termo de acordo traçado entre entidades públicas para a realização de objetivos comuns.
   d) Os convênios somente podem ser celebrados pelo governo federal, justificando a cooperação de investimentos do Banco Mundial em nosso país.

2. Na manutenção e conservação da escola, o gestor escolar deve observar o seguinte:
   I) Sempre que possível, solicitar o apoio de instituições públicas ou privadas na consecução das metas pedagógicas, previstas no regimento escolar.
   II) Evitar o envolvimento de instituições privadas (banco, comércio, indústria, escolas particulares etc.), uma vez que elas "contaminam" o ambiente escolar com suas propagandas, influenciando o aprendizado pedagógico.
   III) Usando o bom senso, devemos fazer parcerias com instituições privadas para a conservação e a manutenção do ambiente escolar, uma vez que elas fazem parte da comunidade e há escassez de recursos financeiros nos órgãos municipais e estaduais.

   Sobre as três afirmações, podemos dizer:
   a) Apenas a afirmação II está correta.
   b) Tanto a afirmação I como a II estão corretas.
   c) A afirmação III está totalmente incorreta.
   d) As afirmações I e III estão corretas.

3. Entre os programas integrados aos recursos do FNDE, temos:
   a) Bolsa Família e Fome Zero, do governo federal.
   b) Programa Nacional de Alimentação Escolar (PNAE), Programa Dinheiro Direto na Escola (PDDE) e Programa Brasil Alfabetizado.
   c) Programa de Educação Empreendedora e Formação Cidadã nas escolas.
   d) Programa de Educação Artístico-Cultural e de Valorização do Folclore Nacional.

4. Os projetos e programas do Banco Mundial focavam:
   a) Somente escolas urbanas na década de 1970.
   b) A criação de creches no período de 1970 a 1990.
   c) Escolarização básica e ensino técnico profissionalizante.
   d) A construção de escolas-fazenda na década de 1990 para incentivar o ensino agrícola.

5. Ainda sobre o Banco Mundial, atualmente temos um padrão de investimentos que visa minimizar a pobreza nos países em desenvolvimento. Assinale a seguir a única alternativa incorreta sobre os investimentos recebidos na década de 1990.
   a) Incentivam o monitoramento sobre o desempenho dos alunos (Saeb, Prova Brasil e Ideb).
   b) Ênfase nos insumos pedagógicos e em tecnologias educativas.
   c) Melhoram as habilidades dos professores mediante programas de capacitação permanente.
   d) Fornecem bolsas de estudo para o ensino superior e a pós-graduação.

Atividades de aprendizagem

Questões para reflexão

1. Pesquise em jornais ou revistas exemplos de parcerias de empresas ou escolas privadas com escolas públicas, bem como de ONGs com a rede pública de ensino, identificando os projetos propostos.

2. Pesquise um programa de investimento do Banco Mundial no setor educacional, exponha como funciona e o que foi proposto.

Atividades aplicadas: prática

1. Verifique em seu município se existem convênios firmados pela Secretaria da Educação, quem são os partícipes e como é feito o acompanhamento do(s) projeto(s).

2. Pesquise em uma escola pública se existe alguma parceria para auxiliar no desenvolvimento das atividades pedagógicas, podendo ser voluntária ou não.

4 A gestão dos recursos financeiros

A organização do trabalho pedagógico requer toda uma função organizacional e um planejamento, para previsão e racionalização do uso de recursos humanos, materiais, físicos, financeiros e informacionais, que são os meios de trabalho pelos quais se asseguram a efetividade dos processos de ensino e aprendizagem.

Em função disso, este capítulo tratará especificamente da gestão dos recursos financeiros, buscando orientar o gestor escolar sobre os procedimentos para lidar com a organização e o controle do dinheiro público, objetivando seu uso eficaz e transparente, bem como sua devida aplicação, para atender a todas as demandas requeridas e indispensáveis para o bom funcionamento da escola.

Libâneo (2004) diz que é necessário que todos os aspectos da vida escolar sejam devidamente contemplados na organização geral da escola, tais como: condições físicas, materiais e financeiras; definição das funções e atividades das pessoas que integram os vários setores da escola; rotinas administrativas; sistema de assistência pedagógico-didática aos professores; serviços administrativos de limpeza e conservação; horário escolar, matrícula e distribuição dos alunos por classes; normas disciplinares; formas de contato com os pais, com as secretarias de educação, com a Associação de Pais, Professores e Funcionários (APPF) ou com os conselhos escolares. A ausência ou a insuficiente organização de normas, rotinas, responsabilidades e planejamento interfere diretamente nas atividades de ensino.

Como princípio maior da gestão democrática ou gestão colegiada, o administrador escolar deve privilegiar a participação dos profissionais da educação que atuam no interior da escola, bem como dos usuários desta (alunos e pais), para que se mobilizem visando à melhoria do espaço escolar e a tomada de decisões que afetem sua organização, estrutura e funcionamento.

Dessa forma, o conselho escolar, por incorporar representantes da comunidade local, é um canal para compartilhamento de valores, saberes e práticas, podendo gerar uma etnografia da escola por meio desse envolvimento, auxiliando, inclusive, na elaboração de um projeto político-pedagógico renovado.

Para Libâneo (2004, p. 114), "o princípio da autonomia requer vínculos mais estreitos com a comunidade educativa, basicamente os pais, as entidades e organizações paralelas à escola", reforçando o papel dos conselhos como instrumentos dos processos políticos de representatividade, gestão e consolidação da prática de corresponsabilidade.

Com a reforma gerencial do Estado e as novas formas de se pensar a organização da educação, ao estabelecer parcerias de financiamento na área educacional, tem-se buscado a implantação de planejamentos estratégicos que visam à organização geral da escola. Conforme já apresentamos, o financiamento deve estar atrelado a um sistema de monitoramento que acompanhe o desempenho do sistema escolar e as melhorias na coleta de dados, na geração de informação e no equilíbrio das despesas.

Em função desses aspectos, pode-se compreender por que o citado Fundescola – financiado pelo Banco Mundial – tem como carro-chefe o Plano de Desenvolvimento da Educação (PDE), no qual o diagnóstico é realizado pelo levantamento do perfil e do funcionamento da escola, bem como pela análise dos fatores determinantes da eficácia escolar; assim, as metas são traçadas e a avaliação dos resultados é dividida em duas variáveis:

+ a interna, de **forças e fraquezas**, compreendidas por aquilo que as escolas executam bem ou mal no seu fazer pedagógico-escolar;
+ a externa, subentendida pelas **oportunidades e ameaças (ou riscos)**, em que as **oportunidades** identificam-se com as parcerias realizadas na concretização das propostas feitas, e as ameaças destacam situações

como baixa renda familiar, desvalorização do magistério e **baixo nível de preparação dos alunos**[1].

Observando tudo o que foi descrito até este momento, percebemos que o planejamento exigido dos gestores escolares requer a efetividade do processo ensino-aprendizagem num conjunto estrategicamente organizado de princípios e métodos que primam pela melhoria da qualidade de seus produtos, serviços e de suas atividades, para obter a satisfação de todos da comunidade escolar.

Assim, os novos planejamentos buscam otimizar recursos humanos, materiais e financeiros, bem como definir claramente valores, missão e objetivos estratégicos organizacionais e operacionais.

Nesse sentido, a gestão escolar se fundamenta na liderança do diretor, na mobilização da comunidade e na adoção do planejamento estratégico, que pretende garantir qualidade por meio da formação continuada do corpo docente e da expansão de acesso ao ensino, com racionalização de gastos e eficiência operacional, sem onerar a carga fiscal do investimento público em educação.

Encontram-se, no parágrafo anterior, as justificativas para que as parcerias e os convênios sejam celebrados e os recursos da União transferidos diretamente às escolas.

Sabendo que os gestores escolares devem adotar estratégias ou estratagemas para adaptar ou contornar as exigências burocráticas requeridas pelas secretarias de educação e pelos novos modelos de gerenciamento da reforma administrativa, compreende-se a mediação conflitante de atender modelos de gestão que ora privilegiam a racionalidade técnica, ora focam a participação da comunidade escolar – pela gestão participativa ou gestão democrática e pelo compartilhamento das decisões com o Conselho Escolar.

Os gestores não podem deixar de considerar que se torna cada vez mais difícil o controle centralizado e vertical da Administração Pública, considerando que a centralização exige

---

1 O item destacado nos faz refletir sobre o imaginário do "aluno ideal", mostrando que a escola concreta que temos é mais excludente e seletiva do que emancipatória.

obediência a uma ordem hierárquica, o que atrasa e atravanca processos decisórios mais imediatos. Com isso, o fortalecimento e a autonomia das unidades escolares, que executam as atividades-fim, visam atender de forma mais direta as necessidades dos usuários (alunos e pais) e da sociedade.

Nesse sentido, tem se ampliado a capacidade decisória dos gestores, que devem conjugar o exercício compartilhado da direção, buscando mais respaldo na comunidade escolar e na comunidade externa (pais de alunos e moradores do bairro onde a escola se situa), para a proposição de objetivos, a ordenação dos recursos e o provimento das ações planejadas.

Na execução financeira da escola e na utilização dos recursos repassados, os valores podem variar conforme o Planejamento Orçamentário Estadual, o Plano Plurianual e o PDE de cada Estado. Esses valores podem ser lineares (preestabelecidos) para escolas ou obedecer à combinação do valor linear mais um valor *per capita* aluno, geralmente estabelecido para as unidades escolares que têm um número grande de alunos e atendimento em mais de dois turnos.

O controle contábil e fiscal também varia entre os estados, podendo ser identificado, de forma geral, que a prestação de contas deve ser apresentada em formulários próprios ou por meio de relatórios cujos modelos são normatizados pelas respectivas secretarias de educação, cobrando basicamente informações que identificam as despesas realizadas, a receita utilizada nessas despesas e os comprovantes dessas despesas, como as notas fiscais.

Os comprovantes (notas fiscais) devem obedecer a uma ordem cronológica e ser originais, e não é aceita a apresentação de cópias. Devem ser anexados também aos relatórios de controle contábil e fiscal os respectivos extratos bancários que comprovem sua movimentação, confrontando a verba disponível, as despesas efetuadas e os cheques emitidos.

Aqui valem uma ressalva e uma informação importante: por tudo o que foi apresentado anteriormente, fica confirmada a importância de uma gestão democrática colegiada, pois, com a autonomia financeira que modificou a própria estrutura organizacional dos sistemas de ensino – pelo deslocamento das atividades de planejamento, aquisição e distribuição de bens e serviços –, as funções de levantamento das necessidades de serviços na escola e das estimativas de custos não ficam a cargo somente do diretor, podendo e devendo serem compartilhadas entre as APPFs ou os conselhos escolares.

Mas retomando o assunto e tratando sobre quais recursos chegam diretamente à escola, apresentaremos a seguir alguns desses recursos, sendo que para cada um deles o gestor escolar deverá obedecer a regras próprias de controle contábil e fiscal, observando o que pode ou não comprar. Dessa forma, existem recursos oriundos:

- do governo federal;
- do governo estadual;
- do PDE, se houver (por esse motivo não são todas as escolas que recebem este recurso);
- para manutenção da escola (todas as escolas recebem);
- do Programa Nacional de Alimentação Escolar – PNAE (todas recebem);
- do Programa Dinheiro Direto na Escola – PDDE (todas recebem).

Por tratar de programa federal com fundos do Fundo Nacional de Desenvolvimento da Educação (FNDE), abordaremos o PDDE separadamente, com mais esclarecimentos.

Cada estado tem uma legislação específica para tratamento de compras, contratos e convênios, ou seja, tudo o que se reporta à despesa e ao custeio de material. De modo geral, as secretarias de educação dos estados e municípios obedecem às regras determinadas pelos Tribunais de Contas estaduais. Como não compete, nesta obra, esmiuçar a legislação de cada estado – nem poderia atender a contento tal proposição –, utilizaremos a legislação federal, que rege de forma soberana os atos normativos das demais entidades estatais.

A Lei n. 8.666, de 21 de junho de 1993, com redação atualizada por sucessivas leis e medidas provisórias, estabelece em seu art. 1º as "normas gerais sobre licitações e contratos administrativos pertinentes a obras, serviços, inclusive de publicidade, compras, alienações e locações no âmbito dos Poderes da União, dos Estados, do Distrito Federal e dos Municípios". Desse modo, as compras de material para reposição de estoques ou para atender às necessidades específicas das unidades administrativas – no nosso caso, as escolares –, devem obedecer aos critérios licitatórios determinados em lei, visando à racionalização e à minimização dos custos, somadas ao caráter de operacionalidade e emprego do material requerido para compra ou conserto.

De modo geral, as secretarias estaduais e municipais de educação estabelecem um plano anual de previsão orçamentária, para orientar a disponibilidade financeira dos recursos arrecadados e direcionar o atendimento dos serviços previamente solicitados e planejados. No âmbito da escola, espera-se que numa gestão participativa sejam traçadas coletivamente[2] as ações administrativas e pedagógicas que visem à garantia dos serviços prestados na escola e a qualidade de ensino.

Nesse aspecto, para essas ações administrativas e pedagógicas, o gestor escolar deve cuidar da manutenção, da conservação do(s) prédio(s) e da estrutura física da escola, bem como de tudo que se enquadra no patrimônio escolar, como: móveis, equipamentos didáticos, eletrodomésticos e outras máquinas de uso efetivo na escola – por exemplo, um cortador de grama.

Poderá também utilizar os recursos: na contratação de pessoal para prestação de serviços; nas despesas institucionais, como fotocópias autenticadas, reconhecimento de firma, registros de atas, documentos em cartórios, confecção de carimbos, entre outros; e nos gastos com despesas correntes, que são aquelas realizadas no dia a dia, como material de limpeza, de escritório, suprimentos de informática etc.

É importante que o gestor saiba que as despesas com compras ou serviços devem estar rigorosamente em conformidade com o que disciplina a Lei n. 8.666, de 1993. Conforme a 8.666 (como é reconhecida no meio orçamentário), são dispensáveis de licitação as obras e os serviços de engenharia no valor de até

---

2 Compreendidas pela direção e pela coordenação pedagógica, por APPFs ou conselhos escolares.

R$ 15.000,00[3], atendendo ainda à exigência de essa obra não ser fragmentada em sua execução na escola. Ou seja, se há necessidade de reforma e/ou construção de vários ambientes físicos no mesmo ambiente administrativo, o valor total desse projeto de engenharia deve ser inferior a R$ 15.000,00, e não R$ 15.000,00 para uma sala de aula, R$ 15.000,00 para a quadra de esportes, R$ 15.000,00 para reforma dos banheiros, R$ 15.000,00 para o refeitório, R$ 15.000,00 para ampliação da biblioteca, e assim sucessivamente.

O mesmo princípio de não parcelar recursos se aplica à compra de materiais e outros serviços[4] com dispensa de licitação, que não devem ultrapassar o valor total de R$ 8.000,00.

Compreendemos como outros serviços o pagamento de mão de obra para consertos, envolvendo pedreiros, carpinteiros, marceneiros, eletricistas, encanadores, pintores, vidraceiros, soldadores, jardineiros e outros profissionais que atendam aos reparos e à conservação das dependências escolares. Incluem-se nesses serviços a contratação de profissionais para consertos de equipamentos e máquinas elétricas e eletrônicas e de firmas terceirizadas, para dedetização escolar e limpeza da caixa d'água.

Abordaremos esse assunto com mais detalhes no próximo capítulo, o qual trata especificamente da gestão do patrimônio escolar, que de forma alguma pode ser compreendido separadamente das informações que envolvem a compra do material a ser patrimoniado na escola.

Voltando à questão do repasse dos recursos das secretarias ou coordenações de educação aos gestores escolares, é importante destacar que esse repasse atenderá a uma programação financeira em cada ano, pois dependerá da entrada de receitas que o governo estadual ou municipal arrecadar. Essa entrada dos tributos provenientes dos contribuintes não se concentra somente no início de cada ano, e sim se distribui ao longo de todo o exercício. Por isso, há uma previsão de fluxo dessas receitas e a liberação de verbas, geralmente em duodécimos (1/12 – um

---

3 Inciso I do art. 24 da Lei n. 8.666/1993.

4 Inciso II do art. 24 da Lei n. 8.666/1993.

doze avos), para assegurar a execução das despesas, justificando o comentário feito no início deste capítulo sobre a previsão de execução financeira realizada pelo Planejamento Orçamentário Estadual, Plano Plurianual e/ou o PDE.

É importante compreender essa execução orçamentária para saber que os prazos determinados na prestação de contas deverão ser rigorosamente cumpridos, bem como a apresentação de formulários e relatórios, dos demonstrativos de movimentação que contabilizam os atos e fatos praticados pelos gestores, detalhando as entradas e saídas dos recursos recebidos. Por isso, voltamos a lembrar: extratos bancários, notas fiscais e recibos devem ser devidamente guardados, para compor os processos de prestação de contas.

Como dissemos anteriormente, a escola pode receber outros recursos que não se destinam especificamente à manutenção e à conservação predial e ao pagamento de prestação de serviços, como é o caso do Programa Dinheiro Direto na Escola (PDDE)[5], que são instrumentos de transferências automáticas da União.

Como já comentamos, o PDDE é um programa do governo federal executado pelo FNDE. Ele conta com a parceria do Banco Mundial, tendo por objetivo prestar assistência financeira às escolas públicas do ensino fundamental das redes estaduais, municipais e do Distrito Federal e às escolas de educação especial qualificadas como entidades sem fins lucrativos e recenseadas pelo MEC, bem como fomentar a política democrática de autogestão desses recursos financeiros transferidos.

Os valores repassados pelo PDDE, conforme disciplina o art. 2º e o parágrafo único da Resolução n. 17, de 9 de maio de 2005 (Brasil, 2005b), do Conselho Deliberativo do FNDE, destinam-se às despesas de custeio, manutenção e pequenos investimentos, visando contribuir para a melhoria física e pedagógica dos estabelecimentos de ensino, sendo vedada sua aplicação para pagamento de pessoal.

---

5 Para saber mais sobre o PPDE, acesse o *site*: <http://www.fnde.gov.br/home/index.jsp?arquivo=dinheiro_direto_escola.html>.

Para que a escola receba esses recursos, é necessário ter mais de 20 alunos matriculados no ensino fundamental, inclusive na educação especial e na indígena, de acordo com dados extraídos do Censo Escolar realizado pelo MEC, no ano imediatamente anterior ao do atendimento. No caso das escolas com mais de 50 alunos, é necessário que disponham de suas próprias unidades executoras (UEx).

Ainda de acordo com a Resolução FNDE/CD n. 17, de 2005 (Brasil, 2005b), temos a definição do que são Unidades Executoras (UEx), Entidades Executoras (EEx) e Entidades Mantenedoras (EM).

Compreendemos como UEx "a entidade sem fins lucrativos, representativa da comunidade escolar dos estabelecimentos de ensino público" (alínea "a" do art. 3º), compreendidas por Caixa Escolar, Associação de Pais e Mestres ou Conselho Escolar.

A EEx, de acordo com a alínea "b" do mesmo artigo, é representada pelas secretarias municipais ou pelas próprias prefeituras, quando não possuírem seus respectivos órgãos de educação, e pelas Secretarias de Estado da Educação e do Distrito Federal, que devem receber e executar os recursos do PDDE destinados às escolas que não apresentam UEx.

Por fim, compreende-se como EM toda "entidade sem fins lucrativos e inscrita no Conselho Nacional de Assistência Social (CNAS)" (alínea "c" do art. 3º), que se responsabiliza "pela manutenção e representação de escolas privadas de educação especial".

É permitida às escolas com até 99 alunos a formação de consórcio para que constituam uma única UEx que as representem, desde que as unidades escolares integrem a mesma rede de ensino. Contudo, existe a restrição de se congregarem até cinco escolas na constituição desses consórcios. Essa restrição não se aplica aos consórcios estabelecidos antes de 2003, que permitiam a junção de 20 escolas numa mesma UEx.

Para que as escolas públicas participem do PDDE e haja o repasse dos recursos correspondentes, exige-se que se formalize um processo de adesão, apresentando nas secretarias de educação os seguintes documentos:

- cadastro do órgão/entidade e do dirigente;
- termo de compromisso;
- cadastro de unidade executora dos estabelecimentos de ensino com os quais mantenham vínculo.

Com a liberação dos recursos, as escolas públicas beneficiárias do PDDE ficam condicionadas à regularidade quanto à prestação de contas e à apresentação de termo de compromisso pelo município, que cumprirá a exigência de incluir em seus orçamentos os recursos a serem transferidos às escolas de sua rede de ensino – lembrando que o exercício financeiro para utilização dos recursos é válido até 31 de dezembro de cada ano.

Na tabela a seguir temos o referencial de cálculo dos valores a serem repassados às escolas situadas nas regiões Norte, Nordeste e Centro-Oeste do país, para conhecimento e até acompanhamento do leitor que já trabalha em escolas, na função de coordenador ou de diretor.

Tabela 4.1 – Cálculo dos recursos do PDDE nas regiões Norte, Nordeste e Centro-Oeste (*)

Intervalo de classe de número de alunos	Valor-base [1] (R$)	Fator de correção [2]	Valor total [3] (R$)
21 a 50	600,00	$(X - 21) \cdot K$	$600 + (X - 21) \cdot K$
51 a 99	1.300,00	$(X - 51) \cdot K$	$1.300 + (X - 51) \cdot K$
100 a 250	2.700,00	$(X - 100) \cdot K$	$2.700 + (X - 100) \cdot K$
251 a 500	3.900,00	$(X - 251) \cdot K$	$3.900 + (X - 251) \cdot K$
501 a 750	6.300,00	$(X - 501) \cdot K$	$6.300 + (X - 501) \cdot K$
751 a 1.000	8.900,00	$(X - 751) \cdot K$	$8.900 + (X - 751) \cdot K$
1.001 a 1.500	10.300,00	$(X - 1.001) \cdot K$	$10.300 + (X - 1.001) \cdot K$
1.501 a 2.000	14.400,00	$(X - 1.501) \cdot K$	$14.400 + (X - 1.501) \cdot K$
Acima de 2.000	19.000,00	$(X - 2.000) \cdot K$	$19.000 + (X - 2.000) \cdot K$

(*) Exceto o Distrito Federal.

[1] Valor-base: parcela mínima a ser destinada à instituição de ensino que apresentar quantidade de alunos matriculados, segundo o Censo Escolar, igual ao limite inferior de cada Intervalo de classe de número de alunos, no qual o estabelecimento de ensino esteja situado.

[2] Fator de correção: resultado da multiplicação da constante K pela diferença entre o número de alunos matriculados na escola e o limite inferior de cada intervalo de classe de número de alunos, no qual o estabelecimento de ensino esteja situado – (X – limite inferior). K –, representando X o número de alunos da escola, segundo o Censo Escolar, e K o valor adicional por aluno acima do limite inferior de cada intervalo de classe de número de alunos.

[3] Valor total: resultado, em cada intervalo de classe, da soma horizontal do valor-base mais o fator de correção.

Fonte: Adaptado de Brasil, 2005b.

Já para as escolas situadas nas regiões Sul e Sudeste e no Distrito Federal, temos:

Tabela 4.2 – Cálculo dos recursos do PDDE nas regiões Sul, Sudeste e Distrito Federal

Intervalo de classe de número de alunos	Valor-base [1] (R$)	Fator de correção [2]	Valor total [3] (R$)
21 a 50	500,00	$(X - 21) \cdot K$	$500 + (X - 21) \cdot K$
51 a 99	1.100,00	$(X - 51) \cdot K$	$1.100 + (X - 51) \cdot K$
100 a 250	1.800,00	$(X - 100) \cdot K$	$1.800 + (X - 100) \cdot K$
251 a 500	2.700,00	$(X - 251) \cdot K$	$2.700 + (X - 251) \cdot K$
501 a 750	4.500,00	$(X - 501) \cdot K$	$4.500 + (X - 501) \cdot K$
751 a 1.000	6.200,00	$(X - 751) \cdot K$	$6.200 + (X - 751) \cdot K$
1.001 a 1.500	8.200,00	$(X - 1.001) \cdot K$	$8.200 + (X - 1.001) \cdot K$
1.501 a 2.000	11.000,00	$(X - 1.501) \cdot K$	$11.000 + (X - 1.501) \cdot K$
Acima de 2.000	14.500,00	$(X - 2.000) \cdot K$	$14.500 + (X - 2.000) \cdot K$

[1] Valor-base: parcela mínima a ser destinada à instituição de ensino que apresentar quantidade de alunos matriculados, segundo o Censo Escolar, igual ao limite inferior de cada intervalo de classe de número de alunos, no qual o estabelecimento de ensino esteja situado.

[2] Fator de correção: resultado da multiplicação da constante K pela diferença entre o número de alunos matriculados na escola e o limite inferior de cada intervalo de classe de número de alunos, no qual o estabelecimento de ensino esteja situado – (X – limite inferior). K –, representando X o número de alunos da escola, segundo o Censo Escolar, e K o valor adicional por aluno acima do limite inferior de cada intervalo de classe de número de alunos.

[3] Valor total: resultado, em cada intervalo de classe, da soma horizontal do valor-base mais o fator de correção.

Fonte: Adaptado de Brasil, 2005b.

Para clarear a forma de cálculo, indicada nas notas das Tabelas 4.1 e 4.2, tomaremos como exemplo uma escola da Região Nordeste com **800 alunos matriculados:**

Intervalo de classe de número de alunos	Região		
	N/Ne/Co – Com exceção do DF		
	Valor-base (R$)	Fator de correção	Valor total (R$)
751 a 1.000	8.900	$(X - 751) \cdot K$	$8.900 + (X - 751) \cdot K$

$8.900 + (X - 751) \cdot K =$	Como chegar ao valor de K?
$8.900 + (800 - 751) \cdot K =$	K = (n. alunos da escola) – (limite inferior na tabela) $\cdot$ 1,30
$8.900 + 49 \cdot K =$	K = 800 – 751 = 49
$8.900 + 49 \cdot 63,70 =$	K = 49 $\cdot$ 1,30
$8.900 + 3.121,30 =$	K = 63,70
12.021,30	

Nesse exemplo, a escola que apresenta 800 alunos matriculados, segundo o Censo Escolar, receberá o valor anual de R$ 12.021,30, podendo utilizar 20% para cobertura de despesas de capital e 80% para despesas de custeio. A diferença de despesas de custeio e capital será tratada mais adiante.

Nesse caso, tivemos por base uma escola de médio porte. As escolas de pequeno porte apresentam certas restrições de despesas, disciplinadas na própria resolução do FNDE. Dessa forma, uma escola com até 50 alunos matriculados no ensino fundamental, nas modalidades regular, especial e indígena, que não tem UEx, será beneficiada com recursos somente destinados à despesas de custeio.

Diante de tudo que foi apresentado, principalmente sobre o PDDE, podemos observar que efetivamente os gestores escolares passaram a ter mais responsabilidades de controle burocrático e cumprimento de normas sobre as transferências de recursos realizadas pela União e pelas secretarias de educação.

Por isso, o gestor escolar atualmente precisa tanto dominar o conhecimento pedagógico quanto manejar ferramentas de planejamento e administração que lhe possibilitem uma eficaz gestão de todos os recursos disponíveis.

No próximo capítulo, que aborda especificamente o controle patrimonial escolar, mostraremos a redundância de certos conceitos e explicações, tendo em vista que existe interface entre trabalho e gerência e os recursos financeiros e patrimoniais. Contudo, procurando não tornar a leitura cansativa, tomaremos o cuidado de não repetir excessivamente algumas orientações sobre o assunto.

Síntese

Para que o gestor escolar atenda bem às atribuições de gerenciamento financeiro, é necessário que domine os aspectos técnicos com relação às características dos materiais e à tomada de decisão de compra, otimizando os recursos disponíveis para garantir o funcionamento administrativo e pedagógico da escola.

Conhecer a Lei n. 8.666/1993 permite ao gestor escolar saber o que pode ser adquirido com dispensa de licitação. Permite, ainda, que requeira adequadamente à secretaria municipal ou estadual o pedido de compra de material, assegurando que as demandas apresentadas por professores, alunos e comunidade sejam atendidas.

Neste capítulo também apresentamos o PDDE, que é um programa do governo federal executado pelo FNDE, com o objetivo de prestar auxílio financeiro às escolas públicas, de forma suplementar, garantindo a cobertura de despesas correntes – material de consumo da escola –, manutenção e pequenos reparos e investimentos.

Assim, com verbas oriundas do PDDE, da captação de recursos por via das APPFs ou Conselhos Escolares, das parcerias com empresas privadas ou do próprio duodécimo da secretaria de educação do local, o gestor deve ter o compromisso de planejar com responsabilidade a forma de gasto com material e controlar as despesas na escola, evitando a má gestão dos recursos financeiros.

Atividades de autoavaliação

1. Sobre os gastos que podem ser executados pelo gestor escolar, temos:
    a) A manutenção preventiva e a conservação do prédio escolar, bem como a manutenção e a recuperação de equipamentos.
    b) A compra de material permanente, como equipamentos de informática, carteiras e armários escolares.
    c) O pagamento de professores para atendimento de aulas especiais previstos no projeto pedagógico.
    d) A compra de combustível e lubrificante para o veículo escolar.

2. O gestor escolar pode dispensar a licitação quando a despesa não ultrapassar o limite de R$ 8.000,00 (compras e serviços) ou R$ 15.000,00 (obras e serviços de engenharia), conforme previsto na Lei n. 8.666/1993. Dessa forma, o gestor poderá realizar as seguintes despesas:
   a) Adquirir vale transporte ou equivalente.
   b) Comprar gêneros alimentícios.
   c) Pagar contas de luz, água, telefone, IPTU.
   d) Adquirir papel para impressão, cartuchos de tinta para impressora, lâmpadas, material de escritório (lápis, giz, canetas), material de higiene e limpeza.

3. "João vai diariamente com sua bicicleta para o trabalho. Ele é um diretor de escola. No caminho, passa no comércio e adquire material de expediente (canetas, papel, lápis etc.) para a escola e um galão de tinta para fazer a pintura da sala dos professores. Continuando seu percurso, o pneu de sua bicicleta furou e ele foi à oficina do sr. Arnaldo consertá-lo. Já que sobraram uns 'troquinhos' do material adquirido, João pensou que poderia utilizar o recurso para pagar o conserto, afinal, ele estava trabalhando para a escola!"

   Desse texto, podemos concluir que:
   I) O gestor escolar deve agir sempre assim, uma vez que está utilizando o patrimônio próprio (bicicleta) para resolver questões da escola.
   II) Um bom gestor escolar pode utilizar como quiser os recursos.
   III) Se ele tirar nota fiscal do serviço do conserto da bicicleta e apresentar na prestação de contas – desde que seja eventualmente – será aceito pelo Conselho Escolar.
   IV) Ele deverá evitar ao máximo utilizar os recursos da escola para fins particulares, fazendo-o estritamente em situações que exijam transparência e com bom senso.

   a) Todas as afirmações são corretas.
   b) Apenas as afirmações III e IV estão corretas.
   c) Estão corretas as afirmações I e II.
   d) Nenhuma está correta.

4. O repasse de recursos para manutenção da escola, realizado pelas secretarias municipais ou estaduais de educação, é:
   a) Feito num valor único, repassado em janeiro de cada ano.
   b) Tem de ser solicitado em formulário próprio, pois esse recurso não é destinado a todas as escolas.
   c) Requer planejamento da escola para permissão de liberação dos recursos.
   d) Distribui-se ao longo do ano, geralmente em duodécimos (1/12).

5. O Programa Dinheiro Direto na Escola (PDDE) tem por finalidade prestar assistência financeira, em caráter suplementar, às escolas públicas de ensino fundamental das redes estaduais, municipais e do Distrito Federal, e às escolas de educação especial qualificadas como entidades filantrópicas e registradas no Conselho Nacional de Assistência Social.

   Com relação ao PDDE, é incorreto aplicarmos os recursos:
   a) Na manutenção, conservação e pequenos reparos da unidade escolar.
   b) Na aquisição de material de consumo necessário ao funcionamento da escola.
   c) Nos gastos com pessoal, inclusive professores.
   d) No desenvolvimento de atividades educacionais.

Atividades de aprendizagem

Questões para reflexão

1. Entre os programas mantidos pelo FNDE, temos o Programa Nacional de Alimentação Escolar (PNAE). Como ele não é destinado em forma de dinheiro às escolas, pesquise como são disponibilizados, pelo governo federal, os recursos para alimentação escolar.

2. Você concorda que o gestor escolar administre recursos financeiros para manutenção da escola? Justifique sua reflexão.

Atividades aplicadas: prática

1. Pesquise em uma escola pública que tenha mais de 100 alunos matriculados, e com o respectivo gestor escolar, o funcionamento, o controle e o acompanhamento dos recursos financeiros disponíveis no financiamento das atividades do estabelecimento de ensino e da manutenção escolar.

2. Tomando por base a Tabela 4.1, faça a mesma simulação dada no exemplo, considerando uma escola de um município de Sergipe com 470 alunos matriculados e pela Tabela 4.2, uma escola de 1.150 alunos matriculados numa cidade de Santa Catarina. Depois dos cálculos, dê o resultado dos valores do PDDE que cada escola receberá.

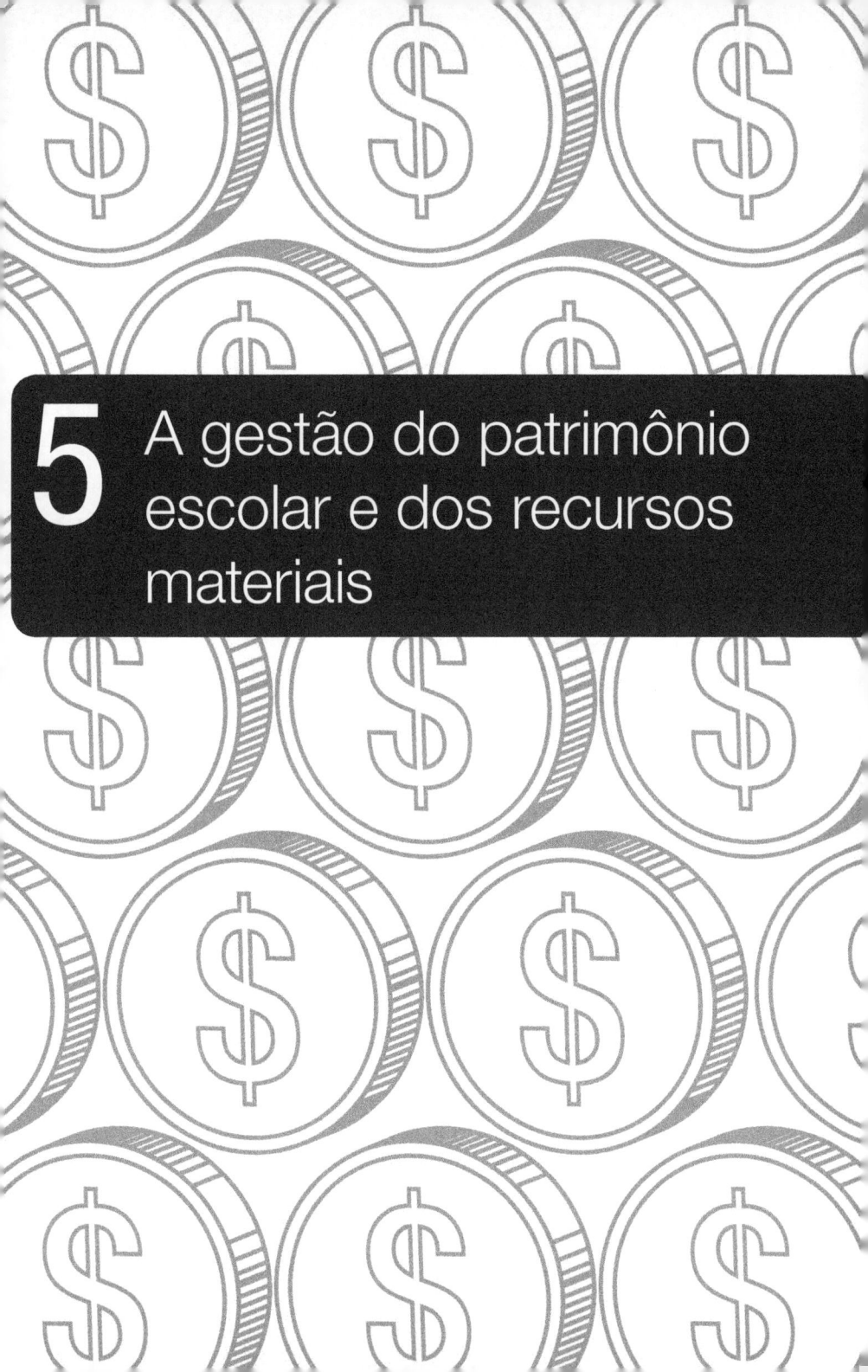

5 A gestão do patrimônio escolar e dos recursos materiais

Para que o gestor escolar atenda bem às suas atribuições no gerenciamento financeiro e patrimonial da escola, é necessário que tenha domínio sobre as definições e conceituações técnicas a respeito da administração do patrimônio escolar.

Além disso, a tomada de decisão de compra de material deve atender ao critério de verificar se os materiais requeridos são adequados ao funcionamento da organização escolar.

Nesse sentido, o gestor de patrimônio deve incluir no planejamento pedagógico a verificação das necessidades escolares (de ordem de pessoal, de materiais, de equipamentos etc.) para assegurar que elas sejam atendidas e que os objetivos de ensino-aprendizagem sejam alcançados.

Para tanto, existe uma dimensão de atividades a ser observada quanto à gestão do patrimônio público, em função da exigência de transparência, economicidade e eficácia na aquisição, no controle, na guarda e na distribuição de materiais e serviços, que serão mostrados no decorrer destes estudos.

Esclarecemos que todas as informações prestadas neste capítulo, que é o mais técnico de todos, foram baseadas na interpretação e na citação indireta da Instrução Normativa n. 205, de 1988, e da Lei n. 8.666, de 1993, bem como na consulta dos seguintes documentos: Gerenciamento Patrimonial Fundepar e Gestão dos Materiais e do Patrimônio Escolar. Esses textos foram retirados de *sites*, com referências constantes no fim desta obra, sendo o primeiro do governo do Estado do Paraná, do Instituto de Desenvolvimento Educacional do Paraná – Fundepar, e o segundo de um curso sobre Gestão Escolar, disponibilizado pela

Fundação José Elias Tajra. Fora essas consultas, nesta parte do livro obtive apoio e informação direta por parte de meu esposo, que há mais de dez anos está no exercício da função pública como chefe de Orçamento e Finanças na Universidade Federal do Paraná (UFPR).

Como todo início de discussão, cabe destacar algumas conceituações e explanações prévias, que venham facilitar a compreensão do assunto. Nesse sentido, segundo o *Dicionário Aurélio*, *patrimônio* significa: "complexo de bens, materiais ou não, direitos e ações, posse e tudo o mais que pertença a uma pessoa ou empresa e seja suscetível de apreciação econômica" (Patrimônio, 1995). Dessa forma, patrimônio escolar é o complexo de bens que formam a parte física e material da escola.

Caracterizam-se como bens móveis todos os objetos que podem ser movimentados e não sofrem modificação nas suas características físicas, por exemplo: equipamentos e máquinas, veículos, móveis, ferramentas etc. Podem ser chamados também de *patrimônio mobiliário*.

Por outro lado, definem-se como bens imóveis tudo o que não pode ser removido ou retirado de lugar, estando fixo no solo. Podemos citar como exemplo prédios, terrenos, edificações etc. Outro nome usualmente utilizado é *patrimônio imobiliário*.

Tomando por base os documentos da Fundação José Elias Tajra e da Fundepar, sintetizamos algumas informações pertinentes aos procedimentos que um gestor escolar deve tomar ao assumir sua função. Este deve primeiramente identificar a situação legal do imóvel que administrará, verificando nos arquivos da escola se o patrimônio imobiliário está com a documentação regular. Caso contrário, deverá buscar a regularização do terreno ou imóvel.

O gestor deverá também dimensionar a capacidade física e de atendimento da escola, calculando o número de alunos que poderão ser matriculados por turno, o número de salas de aula e a quantidade de professores contratados. Dessa maneira, poderá planejar as ações e viabilizar, por exemplo, um aumento do espaço físico.

Nesse sentido, o gestor escolar tem de observar alguns quesitos mínimos nas instalações físicas, antes de iniciar seus trabalhos. É recomendável uma inspeção nas instalações elétricas (transformadores e geradores), para verificar se são adequadas para o uso de equipamentos de informática (computadores e impressoras) e outros equipamentos que demandam gasto com energia, fiação, tomadas etc. É importante também observar se existem rampas de acesso para deficientes físicos, assim como saídas de emergência.

Outra vistoria importante refere-se às condições de funcionamento dos banheiros e da cozinha, verificando pisos quebrados, encanamentos deficientes, fossas esgotadas, caixa de gordura e todo o projeto hidráulico.

Quanto à iluminação, é preciso verificar tanto a luz natural como a artificial das salas de aula, de gabinetes, bibliotecas e áreas comuns. As áreas e os ambientes escolares devem possuir boa ventilação, apresentando cores claras na pintura das paredes, em tetos e esquadrias.

Quanto à salubridade e à higiene, deve-se evitar umidade nas paredes, para não gerar mofos e bolores, que afetam a saúde da comunidade escolar, bem como observar se as fossas foram construídas próximas a poços, cisternas ou locais de grande circulação.

Os equipamentos de combate a incêndio – mangueiras e extintores – precisam ser frequentemente fiscalizados, e todos os alunos, professores, funcionários e a equipe pedagógica devem ser preparados para atuarem em situações de risco e perigo, bem como deve ser criada uma Comissão Interna de Prevenção de Acidentes (Cipa), no caso de a escola apresentar, em seu quadro de recursos humanos, pessoal regido pela Consolidação das Leis do Trabalho (CLT). Como em muitas redes públicas de ensino existe a possibilidade de contratação temporária de professores, temos a existência de um quadro de funcionários misto, ou seja, os estatutários (concursados), os contratados pela CLT temporariamente e os terceirizados.

O gestor escolar deve verificar, também, a existência de sinalização externa eficiente, próxima à escola, e solicitar à prefeitura a segurança de acesso por meio de placas, cones, lombadas etc.

Pelo que vimos até aqui, observamos muitos **deveres** do gestor escolar para melhorar as condições físicas da escola, distribuindo espaços físicos ou áreas necessários para que ocorra bom desempenho das atividades pedagógicas e administrativas, garantindo o **direito** da comunidade escolar (compreendida por direção, coordenação pedagógica, professores, funcionários técnicos e alunos) de receber bons serviços e um bom ambiente de trabalho.

Pensando na preservação patrimonial da escola, o regimento escolar ou o projeto político-pedagógico poderá ser utilizado como documento que estabeleça, além das normas pedagógicas, a previsão de regras administrativas relacionadas à utilização apropriada do patrimônio escolar e dos serviços de apoio técnico-pedagógico, como biblioteca, oficinas, laboratórios, auditórios, quadras esportivas e outros, constando as responsabilidades de seção ou unidade administrativa da escola e de cada integrante da comunidade escolar.

Estando a comunidade escolar consciente de sua responsabilidade na manutenção dos bens patrimoniais, toda a infraestrutura funcionará adequadamente, facilitando o monitoramento e o controle do gestor escolar e principalmente, minimizando possíveis despesas com consertos e reparos de instalações e equipamentos.

No capítulo anterior, apresentamos o que pode ser adquirido em compra com dispensa de licitação, porém, a aquisição de equipamentos mais caros e grandes quantidades de mobiliário, assim como a contratação de obras de engenharia acima de R$ 15.000,00 são feitas diretamente pelas secretarias de educação municipais ou estaduais ou órgãos competentes.

Apesar de o gestor escolar lidar diretamente com pequenos recursos na manutenção dos serviços da escola e poder realizar a compra de material de consumo e de expediente administrativo – também compreendido como despesa corrente ou material de custeio –, é necessário que se conheça o que é licitação, bem como as etapas instituídas para compra de bens ou contratação de serviços, especificadas na Lei n. 8.666, de 1993.

Nesse sentido, *licitação* é entendida como "o procedimento administrativo mediante o qual a Administração Pública seleciona a proposta mais vantajosa para o contrato de seu interesse" (Meirelles, 2002, p. 260-261), propiciando oportunidades iguais a todos os licitantes, publicidade de seus atos, julgamento objetivo e sigilo na apresentação das propostas.

Conforme o disposto no art. 2º da Lei n. 8.666, de 1993, o objeto de licitação corresponde a obras, serviços, compras, alienações, concessões, permissões e locações contratadas pela Administração Pública com terceiros e empresas particulares.

A obrigatoriedade de licitação para todos os órgãos públicos, bem como para as empresas de economia mista ou que sejam controladas pelo Poder Público, está prevista constitucionalmente e obedece aos princípios de moralidade e eficiência da Administração Pública.

De acordo com o art. 22 da Lei n. 8.666, de 1993, as modalidades de licitação são:

I. concorrência;
II. tomada de preços;
III. convite;
IV. concurso;
V. leilão.

O mesmo documento diz que na **concorrência** se admite a participação de quaisquer interessados que atendam aos requisitos mínimos exigidos no edital, sendo a modalidade própria para contratos de grande valor. **Tomada de preços** é a modalidade realizada entre os interessados devidamente cadastrados e qualificados para o recebimento das propostas, sendo convocados à licitação com antecedência prevista em lei.

O **convite** ocorre entre interessados do ramo que atendem ao objeto da licitação e se destina a contratações de pequeno valor. **Concurso** refere-se à escolha de trabalho técnico, científico ou artístico, de criação intelectual, em que a classificação do melhor trabalho resulta no pagamento de prêmios ou remuneração aos vencedores e, por fim, **leilão** é a modalidade para venda de bens ou de produtos legalmente apreendidos ou penhorados.

Fora da legislação específica que rege a matéria sobre licitação, existe uma nova modalidade instituída pela Lei n. 10.520, de 17 de julho de 2002, denominada *pregão*. Essa modalidade é destinada à aquisição de bens e serviços comuns (art. 1º), compreendidos como aqueles "cujos padrões de desempenho e qualidade possam ser objetivamente definidos pelo edital, por meio de especificações usuais no mercado" (Brasil, 2002). Permite-se, nessa modalidade, a utilização de recursos de tecnologia, configurada na forma de pregão eletrônico, em que os lances são realizados pela internet.

O que observamos nessa nova modalidade é que, diferentemente das outras espécies, o pregão não estabelece a aquisição de bens em função do valor do objeto. Apontamos aqui o alerta para um possível retorno à centralidade dos serviços burocráticos nas unidades das secretarias públicas, pois estados e municípios que aplicarem esse novo procedimento deverão criar legislações próprias caracterizando o que compete ou não reconhecer como "bens e serviços comuns" e, dessa forma, retirar do gestor escolar a facilidade de compra de materiais de pequeno valor.

Mas, tratando sobre os atuais procedimentos para compra de materiais, existem despesas que, mesmo havendo dispensa de licitação, o gestor escolar está impedido de realizar na manutenção da escola. São elas:

- pagamento de contas de energia elétrica, água e taxas de qualquer natureza (ex.: IPTU);
- aquisição de materiais permanentes, compreendidos como despesa de capital, representando o mobiliário escolar (mesas, cadeiras, estantes, armários, carteiras escolares), máquinas e equipamentos (computadores, impressoras, fotocopiadoras, televisores, videocassetes, DVDs, aparelhos de videoconferência etc.), aparelhos e utensílios domésticos que compõem a cozinha e o refeitório da escola e equipamentos de atividades desportivas;
- pagamento de despesas de festividades, tais como recepções e coquetéis;

- compra de livros didáticos (com exceção de livros literários para o acervo da biblioteca da escola);
- contratação de serviços que se tornem individuais e privativos e não atendam ao interesse coletivo;
- compra de gêneros alimentícios;
- compra de combustível ou materiais que visem à manutenção de veículos escolares;
- vale-transporte ou equivalentes;
- pagamento por serviços de qualquer servidor da Administração Pública, empregado ou não da escola;

É importante ressaltar que, na compra de materiais permanentes, alguns itens devem ser observados, fazendo-se uma relação direta do custo-benefício do produto ou equipamento adquirido. Por isso, além da qualidade, verifica-se:

- o gasto com manutenção;
- o prazo de garantia;
- a facilidade e versatilidade de operação dos equipamentos (computadores, TVs, mesas de som, projetores multimídia, videoconferência etc.), evitando aqueles que requerem profissionais capacitados para operá-los;
- a adequação e a facilidade de transporte, instalações compatíveis, deslocamentos de equipamentos etc.

Com o material de consumo ou a despesa corrente, o gestor basicamente deve utilizar o bom senso, fazendo uma tomada de preços entre fornecedores e verificando a qualidade do produto, prazos de entrega, descontos no pagamento à vista etc.

Geralmente, o controle de aquisição de material fica concentrado em um funcionário da escola (almoxarife), escolhido pelo diretor, ou em uma unidade ou seção de compras e almoxarifado, dependendo do tamanho da unidade escolar. Essa centralidade de tarefas é recomendável na organização, na operacionalidade e no acompanhamento da reposição dos estoques, das compras realizadas e dos balanços sobre os gastos efetuados para prestação de contas.

O gestor é o ordenador de despesas e, como tal, a pessoa responsável pelo controle de pagamento, assumindo a responsabilidade administrativa em atos e movimentações financeiras da escola. Por esse motivo, os pedidos de compra deverão seguir as orientações técnico-burocráticas, podendo ser assinados conjuntamente com o(a) funcionário(a) designado(a) para a função de almoxarife.

Geralmente, o pedido de material segue padrões de formulários, podendo ser, conforme a Instrução Normativa n. 205, de 8 de abril de 1988: **descritivo**, que identifica as características físicas e mecânicas dos produtos, facilitando inclusive os processos licitatórios, se for o caso; e **referencial**, que identifica o item de compra indiretamente, aliando o pedido com algum símbolo ou número de referência já padronizado.

No ato do recebimento e da aceitação do material encomendado, deverão ser observados os documentos rotineiros, como notas fiscais e faturas (compras), guia de remessa de material ou nota de transferência (quando oriundo da própria secretaria ou unidade de educação) e o termo de cessão/doação, exarado em processo de permuta de bens (também encaminhado pela secretaria ou unidade de educação). Nesses documentos constarão a descrição do material, a quantidade, a unidade de medida e os preços (unitário e total). Somente após a conferência dos dados desses documentos poderá ser feita a aceitação do(s) produto(s), declarando que o material recebido satisfaz às especificações solicitadas e contratadas.

Toda escola possui um cadastro de bens patrimoniados, sendo tombados pelo Controle de Patrimônio somente os materiais permanentes. Esse tombamento é realizado nas secretarias ou unidades de coordenação da educação. Assim, ao receber equipamentos, máquinas, produtos elétricos e eletrônicos, móveis ou materiais cedidos, doados ou transferidos, o gestor deve observar a plaqueta aderida ao produto ou a etiqueta de código de barras, com o respectivo número de controle patrimonial, para conferência nos documentos que venha a assinar, ao assumir a guarda do material.

Todo material deverá ser estocado e devidamente armazenado em sua embalagem original e aberto somente quando houver necessidade de uso. Algumas características devem ser rigorosamente observadas para facilitar a segurança, a localização e a preservação dos produtos. Esses cuidados estão disciplinados na redação da Instrução Normativa 205, apontados nos itens a seguir:

* Os materiais devem ser classificados pelo tipo de uso. Assim, os gêneros alimentícios devem ficar separados do material de limpeza, do material de escritório e do material de uso didático. Recomenda-se que o armazenamento desses materiais se faça em locais distintos e adjacentes às unidades de uso. Os de escritório deverão ficar próximos à secretaria e à sala de direção, por exemplo, e os da merenda escolar, próximos à cozinha ou refeitório.

* Os materiais devem ser estocados de forma a facilitar uma inspeção rápida. Nesse caso, recomenda-se que as faces que apresentam etiquetas de identificação dos produtos fiquem à vista para fácil leitura e localização.

* Nunca o material deve ficar em contato direto com o piso. O uso de prateleiras permite que se evite o acúmulo de umidade nos produtos. Os materiais mais pesados e volumosos devem permanecer nas prateleiras inferiores, evitando acidentes ou avarias em sua remoção.

* As novas remessas de materiais devem ser estocadas ao fundo, permitindo que os materiais mais antigos sejam fornecidos facilmente aos usuários.

* Os materiais que apresentam grande movimentação deverão ser armazenados de forma a facilitar sua expedição.

Outras questões sobre o controle do patrimônio são pertinentes, como o encaminhamento para os depósitos públicos que todas as secretarias possuem, de bens inativos ou ociosos da escola, assim como os materiais considerados como antieconômicos ou irrecuperáveis. Os instrumentos utilizados na movimentação desses materiais são: a alienação ou a cessão. Ambos visam transferir o direito de propriedade do material para leilão, permuta ou doação a outras unidades escolares. As providências de transferência ou baixa do material (que é a expressão mais usada) do acervo da escola e de movimentação são tomadas pelas secretarias ou unidades coordenadoras de educação.

Qualquer produto danificado deverá ser substituído e, dependendo da avaria causada no material, deve-se identificar o responsável para julgamento quanto à sua responsabilidade. Em casos mais graves, como furto, a ocorrência deve ser comunicada inicialmente à polícia e, posteriormente, à secretaria de educação local ou a outro órgão público municipal ou estadual de competência, no qual deverá ser aberta sindicância para apurar os fatos, identificar o responsável – ou responsáveis – e verificar o grau de responsabilidade da(s) pessoa(s) envolvida(s). Nesses casos, além das penalidades administrativas que podem levar à exoneração do cargo ou à demissão de pessoal contratado, a(s) pessoa(s) arrolada(s) na ocorrência poderá(ão) responder criminalmente pelo ato.

Buscamos, neste capítulo, colocar à disposição dos gestores um breve embasamento teórico, que julgamos necessário para a compreensão de termos específicos, sobre os procedimentos que norteiam o funcionamento de controle patrimonial e os contatos que devem ser realizados no seu gerenciamento, envolvendo as secretarias de educação, por meio da unidade de registro patrimonial, e os fornecedores e profissionais técnicos que prestam serviços na escola.

Síntese

Neste capítulo, pudemos compreender as ações administrativas e técnicas que são assumidas pelo gestor escolar na direção de uma escola. As obrigações desse profissional visam preservar as instalações físicas da escola e verificar a adequada distribuição dos espaços físicos, para permitir um bom ambiente de trabalho e estudos.

Pudemos detalhar, para fins de conhecimento, como é realizada a compra de materiais permanentes pelas secretarias de educação, por meio de licitação e de suas modalidades, compreendidas como: concorrência, tomada de preços, convite, concurso e leilão.

Esses materiais permanentes são patrimoniados e tombados, antes de serem encaminhados à escola por uma unidade, seção ou secretaria própria, para controlar o emplacamento de equipamentos, móveis, eletrodomésticos, eletrônicos e outros.

Compete ainda ao gestor escolar a orientação para que todo o material seja estocado adequadamente e armazenado, atendendo a critérios de classificação, utilização e movimentação, para evitar avarias em produtos, em função de mofo ou acidentes em sua remoção, bem como para facilitar sua expedição, sua inspeção e seu controle.

Atividades de autoavaliação

1. Sobre patrimônio, podemos afirmar que:
    I) É todo material pertencente à escola.
    II) É o complexo de bens, materiais ou não, direitos e ações, posse e tudo o mais que pertença a uma pessoa ou empresa e seja passível de depreciação contábil e econômica.
    III) É identificado como mobiliário e imobiliário apenas nas instituições públicas.
    a) Apenas as afirmações I e II estão corretas.
    b) Apenas as afirmações II e III estão corretas.
    c) Apenas a afirmação II está correta.
    d) Todas as afirmações estão corretas.

2. A Lei n. 8.666/1993 institui normas para licitação e contratos da Administração Pública, para aquisição, alienação de bens e contratação de serviços. Sobre ela, é correto dizermos que:
    I) Criada para democratizar e dar transparência aos procedimentos de compra e não se aplica na contratação de serviços da Administração Pública Municipal.

II) Existem as seguintes modalidades de licitação: concorrência, tomada de preços, carta convite, concursos, leilão e pregão.

III) É compreendida como o procedimento administrativo mediante o qual a Administração Pública seleciona a proposta mais vantajosa para o contrato de seu interesse.

a) Apenas as afirmações I e II estão corretas.
b) As afirmações II e III estão corretas.
c) Apenas a afirmação III está correta.
d) Nenhuma está correta.

3. É comum que um prestador de serviços tenha uma empresa que venda equipamentos. Dessa forma, ele vende e presta serviços de manutenção do bem adquirido. O gestor escolar poderá tirar proveito dessa situação:

a) quando contratar serviços de instalação e manutenção da rede elétrica, mas na verdade comprar lâmpadas, holofotes e fios elétricos.
b) quando fechar acordos com apenas um fornecedor para ele dar descontos na manutenção do laboratório de informática, afinal, o gestor estaria economizando os recursos da escola.
c) quando comprar equipamentos (materiais permanentes) com notas fiscais de prestação de serviço.
d) em hipótese alguma, uma vez que o recurso público deverá ser utilizado com transparência e democraticamente, não direcionando qualquer processo de compra ou prestação de serviço.

4. Sobre a definição de material permanente e material de consumo, é correto afirmar:

a) As canoas são materiais de consumo, uma vez que são para passeio, pesca e travessia de rios, ou seja, de consumo dos seus ocupantes.
b) Na aquisição de algum equipamento (materiais permanentes), o gestor deve observar a praticidade e versatilidade do bem a adquirir, evitando aqueles que requerem

habilidades especiais, treinamento e que sejam complicados para manuseio.

c) Se a escola possuir uma carroça puxada por um boi, a carroça é considerada permanente e o boi é um material de consumo, uma vez que ele poderá ser aproveitado, quando morrer, por um frigorífico local.

d) "A bicicleta do gestor escolar João", citada no capítulo anterior, poderia vir a ser um patrimônio escolar, uma vez que ele a utiliza para executar serviços para a escola.

5. Quando houver necessidade de adquirir um equipamento de informática, por exemplo, uma impressora *laser*, é correto o gestor escolar proceder da seguinte maneira:

   a) Direcionar a compra para a marca de sua preferência, uma vez que as outras, sabe-se, "são uma porcaria".

   b) Se o gestor for experiente, ele comprará de sua esposa, que tem uma loja na cidade de equipamentos de informática, e ela com certeza fornecerá o melhor preço da região.

   c) Se o valor da impressora não ultrapassar R$ 8.000,00 (oito mil reais), deve-se solicitar três orçamentos, de três fornecedores isentos, e proceder com as mesmas regras previstas na Lei n. 8.666/1993, das licitações.

   d) O gestor, para evitar aborrecimentos e comprometimentos, passa o problema da compra para a secretaria municipal ou estadual de educação.

Atividades de aprendizagem

Questões para reflexão

1. Pesquise se as escolas particulares possuem bens patrimoniados, comparando-os com a forma de controle e tombamento dos bens realizados no setor público.

2. Reflita se os itens a seguir são importantes para conhecimento do gestor escolar, justificando cada um deles.
   + Patrimônio imobiliário (tamanho do terreno e edificações que formam a escola).
   + Espaço físico (número de salas de aula, biblioteca, quadra, sala dos professores, secretaria, sala de multimeios, banheiros, áreas livres de lazer etc.).
   + Recursos didáticos disponíveis (laboratórios de informática, equipamentos de vídeo e som, quadro-negro, carteiras etc.);
   + Recursos humanos (equipe pedagógica: direção, coordenadores, professores efetivos e contratados por CLT).
   + Número de alunos matriculados.
   + Turnos de atendimento, turmas ofertadas e séries.
   + Regimento escolar.

Atividade aplicada: prática

1. Visite uma escola pública e realize entrevista com um gestor escolar, observando os itens elencados a seguir.
   a) Aquisição de material permanente e equipamento com dispensa de licitação, ou seja, no valor de até R$ 8.000,00 para compras e serviços, e realização de obras e serviços de engenharia, também com dispensa de licitação (valores de até R$ 15.000,00).
      + Neste item, perguntar se a aquisição de material permanente atende a algum tipo de planejamento da escola ou do Poder Público (políticas educacionais da Secretaria Municipal da Educação).
      + Como é realizada a transferência de recursos nesse elemento de despesa? É repassado para uma conta específica?
      + Essas despesas de capital são controladas de que forma na prestação de contas? (notas fiscais; extratos de movimentação financeira; formulários próprios da Secretaria Municipal da Educação; prazo para realizar esta prestação de contas.)

- Além do gestor como ordenador de despesa, quem mais assina os documentos referentes a esses gastos?
- Outros dados pertinentes à questão.

b) Compra de materiais que constituem despesas correntes (material de consumo), bem como gastos na manutenção das escolas, destinados a adaptação, conservação e pequenos reparos da unidade escolar.
- Qual é a fonte de recurso disponível para esse fim e o respectivo valor desse recurso?
- Como é realizada a prestação de contas? (semelhante ao item anterior)
- O recurso de manutenção está vinculado ao número de alunos matriculados?

c) Condição de estoque de materiais de consumo, como despensa da merenda escolar, material de limpeza, material pedagógico, materiais de expediente, e também dos materiais permanentes, como máquinas, equipamentos eletrônicos, equipamentos para atividades esportivas, instrumentos musicais e artísticos, aparelhos e utensílios domésticos, materiais bibliográficos etc.

Considerações finais

Partindo do pressuposto de que um maior volume de recursos garante uma melhor qualidade de ensino, um sistema de financiamento educacional deve procurar atender a dois objetivos: primeiro, garantir um nível satisfatório de recursos financeiros, no princípio custo/aluno/ano/qualidade para toda a educação básica; e, segundo, assegurar a igualdade de oportunidades a todos que tenham acesso à escola, por meio de uma distribuição equitativa desses recursos.

Não se pode deixar de apontar que não basta implantar uma boa política de gestão patrimonial, que reduza as despesas de custeio e manutenção de equipamentos e materiais e impeça a degradação patrimonial, sem visar a alternativas para obtenção dos recursos públicos.

O Fundeb, por seu caráter essencialmente alocativo e redistributivo, pode contribuir para minimizar as diferenças existentes em cada estado na manutenção do ensino. Porém, temos somente uma estimativa das receitas que virão com a nova cesta de impostos, sem a efetiva garantia de que, mantendo o patamar de 4,5% do PIB nacional, poderemos atender com qualidade toda demanda da educação básica. Já apontamos a limitação de não acolhermos, com o novo fundo, as matrículas da educação infantil das redes estaduais de ensino e as matrículas do ensino médio de alguns municípios, deixando claro que muitos alunos ficaram fora da cobertura do Fundeb.

Por tudo o que foi apresentado sobre o Fundeb, podemos avaliar o impacto da instituição do novo fundo; porém, temos a clareza de que ainda não se encontram expostas as variáveis que respondam à definição do cenário ideal de qualidade escolar. Essas variáveis são importantes para sabermos qual é o custo aluno/ano/qualidade e determinarmos as respectivas projeções de recursos a serem despendidos no atendimento dos valores estabelecidos.

Existe o consenso entre os especialistas da área educacional, os quais pesquisam as políticas de financiamento da educação, de que devemos ampliar os gastos com o ensino no país. Contudo, poderíamos questionar de onde viriam mais recursos para atender efetivamente a essa ampliação, além das cestas tributárias propostas no Fundeb.

Arriscamos direcionar, a seguir, algumas sugestões para ampliação da cesta tributária, as quais, de qualquer forma, dependeriam de ampla discussão e regulamentação:

- Incluir o Imposto sobre Operações de Crédito (IOF), câmbio e seguro, ou relativos a títulos ou valores mobiliários, também chamado de Imposto sobre Operações Financeiras, considerando que, neste país, somente nos últimos anos parte da classe C passou a ter acesso às operações bancárias de financiamento. Com essa observação, fica claro deduzir que estaríamos destinando recursos que são movimentados pelas classes mais favorecidas no país para atendimento do serviço educacional.
- Reduzir os subsídios e a renúncia fiscal, para ampliar a arrecadação do IR.
- Revisar as isenções de impostos destinadas às escolas privadas confessionais, com o intuito de obter maior arrecadação de IR.
- Combater a sonegação de impostos.
- Vincular todos os tributos (impostos e taxas), e não somente os impostos, na composição dos 20% do Fundeb.
- Destinar uma vinculação percentual do ISS e do IPTU, na esfera municipal, para melhoria de atendimento no ensino fundamental e garantia da oferta com qualidade de educação infantil.

Temos de pensar, também, em ampliar as parcerias entre empresas e escolas, permitindo o patrocínio de projetos, com enfoque na área de gestão escolar, para abarcar toda a dimensão de organização da escola – tanto pedagógica (currículo, planejamento e avaliação) quanto administrativa, já comentada e revisitada nas páginas deste livro.

Destacamos que, além das propostas de redimensionar o montante dos recursos oriundos de impostos, seria possível pensar no aumento dos percentuais da receita vinculada que se destina à manutenção e ao desenvolvimento do ensino, determinada na CF de 1988 e na LDBEN n. 9.394/1996, ultrapassando os valores mínimos atuais de 18% e 25%, respectivamente aplicados pela União e pelos estados e municípios.

Independentemente das medidas a serem tomadas, torna-se imperioso que o governo federal assuma com prioridade a educação como pauta de sua missão governamental e estabeleça estratégias de longo prazo, que busquem mecanismos de captação e alocação de recursos no setor educacional.

Com isso, existiria não somente uma política efetiva de ampliação de verbas para a educação, mas sim a concretização da universalização do acesso, ao ensino de qualidade neste país, além de sua permanência e manutenção.

Lista de siglas

CF – Constituição Federal

DF – Distrito Federal

EC – Emenda Constitucional

FNDE – Fundo Nacional de Desenvolvimento da Educação

FPE – Fundo de Participação dos Estados

FPM – Fundo de Participação dos Municípios

Fundeb – Fundo de Manutenção e Desenvolvimento da Educação Básica e de Valorização dos Profissionais da Educação

Fundef – Fundo de Manutenção e Desenvolvimento do Ensino Fundamental e de Valorização do Magistério

INEP – Instituto Nacional de Estudos e Pesquisas Educacionais Anísio Teixeira

LDBEN – Lei de Diretrizes e Bases da Educação Nacional

MDE – Manutenção e Desenvolvimento do Ensino

MEC – Ministério da Educação

MP – Medida Provisória

PDE – Plano de Desenvolvimento da Educação

Referências

BRASIL. Constituição (1988). *Diário Oficial da União*, Brasília, DF, 5 out. 1988a. Disponível em: <http://www.planalto.gov.br/ccivil_03/constituicao/constitui%C3%A7ao.htm>. Acesso em: 8 ago. 2014.

BRASIL. Controladoria-Geral da União. Secretaria Federal de Controle Interno. *Gestão de recursos federais*: manual para os agentes municipais. Brasília: Controladoria-Geral da União, 2005a. Disponível em: <http://www.cgu.gov.br/Publicacoes/ManualGestaoRecursosFederais/Arquivos/cartilha_GestaoRecursosFederais.pdf>. Acesso em: 7 ago. 2014.

BRASIL. Decreto n. 6.003, de 28 de dezembro de 2006. *Diário Oficial da União*, Poder Executivo, Brasília, DF, 29 dez. 2006a. p. 37. Disponível em: <https://www.planalto.gov.br/ccivil_03/_ato2004-2006/2006/decreto/d6003.htm>. Acesso em: Acesso em: 8 ago. 2014.

BRASIL. Emenda Constitucional n. 14, de 12 de setembro de 1996. *Diário Oficial da União*, Poder Legislativo, Brasília, DF, 13 set. 1996a. Disponível em: <https://www.planalto.gov.br/ccivil_03/constituicao/emendas/emc/emc14.htm>. Acesso em: 8 ago. 2014.

BRASIL. Emenda Constitucional n. 53, de 19 de dezembro de 2006. *Diário Oficial da União*, Poder Legislativo, Brasília, DF, 20 dez. 2006b. Disponível em: <https://www.planalto.gov.br/ccivil_03/constituicao/emendas/emc/emc53.htm>. Acesso em: 8 ago. 2014.

BRASIL. Fundef – Fundo de Manutenção e Desenvolvimento do Ensino Fundamental e de Valorização do Magistério. Disponível em: <http://www.mec.gov.br>. Acesso em: mar. 2006c.

BRASIL. Lei Complementar n. 87, de 13 de setembro de 1996. *Diário Oficial da União*, Poder Legislativo, Brasília, DF, 16 set. 1996b. Disponível em: <http://www.planalto.gov.br/ccivil_03/leis/lcp/lcp87.htm>. Acesso em: 8 ago. 2014.

BRASIL. Lei n. 10.520, de 17 de julho de 2002. *Diário Oficial da União*, Poder Executivo, Brasília, DF, 18 jul. 2002. Disponível em: <https://www.planalto.gov.br/ccivil_03/leis/2002/l10520.htm>. Acesso em: 8 ago. 2014.

BRASIL. Lei n. 11.494, de 20 de junho de 2007. *Diário Oficial da União*, Poder Executivo, Brasília, DF, 21 jun. 2007. Disponível em: <http://www.planalto.gov.br/ccivil_03/_ato2007-2010/2007/lei/l11494.htm>. Acesso em: 8 ago. 2014.

BRASIL. Lei n. 5.172, de 25 de outubro de 1966. *Diário Oficial da União*, Poder Legislativo, Brasília, DF, 27 out. 1966. Disponível em: <http://www2.camara.leg.br/legin/fed/lei/1960-1969/lei-5172-25-outubro-1966-358971-norma-pl.html>. Acesso em: 8 ago. 2014.

BRASIL. Lei n. 8.313, de 23 de dezembro de 1991. *Diário Oficial da União*, Poder Executivo, Brasília, DF, 24 dez. 1991. Disponível em: <https://www.planalto.gov.br/ccivil_03/leis/l8313cons.htm>. Acesso em: 8 ago. 2014.

BRASIL. Lei n. 8.666, de 21 de junho de 1993. *Diário Oficial da União*, Poder Legislativo, Brasília, DF, 22 jun. 1993. Disponível em: <https://www.planalto.gov.br/ccivil_03/leis/l8666cons.htm>. Acesso em: 8 ago. 2014.

BRASIL. Lei n. 9.394, de 20 de dezembro de 1996. *Diário Oficial da União*, Poder Legislativo, Brasília, DF, 23 dez. 1996c. Disponível em: <http://www.planalto.gov.br/ccivil/LEIS/L9394.htm>. Acesso em: 8 ago. 2014.

BRASIL. Lei n. 9.424, de 24 de dezembro de 1996. *Diário Oficial da União*, Poder Legislativo, Brasília, DF, 26 dez. 1996d. Disponível em: <http://www.planalto.gov.br/ccivil/leis/L9424.htm>. Acesso em: 8 ago. 2014.

BRASIL. Ministério da Educação. FNDE – Fundo Nacional de Desenvolvimento da Educação. Brasília, 2014a. Disponível em: <http://www.fnde.gov.br/home/index.jsp>. Acesso em: 8 ago. 2014.

BRASIL. Ministério da Educação. FNDE – Fundo Nacional de Desenvolvimento da Educação. Conselho Deliberativo. Resolução n. 32, de 10 de agosto de 2006d. *Diário Oficial da União*, Brasília, DF, 11 ago. 2006d. Disponível em: <ftp://ftp.fnde.gov.br/web/resolucoes_2006/res032_10082006.pdf>. Acesso em: 8 ago. 2014.

_____. Ministério da Educação. FNDE – Fundo Nacional de Desenvolvimento da Educação. Conselho Deliberativo. Resolução n. 17, de 9 de maio de 2005. *Diário Oficial da União*, Brasília, DF, 16 maio 2005b. Disponível em: <ftp://ftp.fnde.gov.br/

web/resolucoes_2005/res017_09052005.pdf>. Acesso em: 8 ago. 2014.

BRASIL. Ministério da Fazenda. Receita Federal. *Pessoa jurídica imune ou isenta*. Brasília, 2014b. Disponível em: <http://www.receita.fazenda.gov.br/PessoaJuridica/dipj/2000/Orientacoes/PessoaJuridicaImuneIsenta.htm>. Acesso em: 8 ago. 2014.

BRASIL. Ministério da Educação. Gabinete do Ministro. Portaria n. 1.859, de 24 de junho de 2004. *Diário Oficial da União*, Brasília, DF, 25 jun. 2004. Disponível em: <ftp://ftp.fnde.gov.br/web/resolucoes_2004/por1859_24062004.pdf>. Acesso em: 8 ago. 2014.

BRASIL. Secretaria de Administração Pública. Instrução Normativa n. 205, de 8 de abril de 1988b. *Diário Oficial da União*, Brasília, DF, 11 abr. 1988. Disponível em: <http://www.comprasnet.gov.br/legislacao/in/in205_88.htm>. Acesso em: 8 ago. 2014.

BRASIL. Tribunal de Contas da União. *Transferências de recursos e a lei de responsabilidade fiscal*: orientações fundamentais. Brasília: Tribunal de Contas da União, 2000. Disponível em: <http://sna.saude.gov.br/download/Transferencia%20de%20recursos%20-%2008-03-01.pdf>. Acesso em: 8 ago. 2014.

BRESSER PEREIRA, L. C. *Reforma do Estado para a cidadania*: a reforma gerencial brasileira na perspectiva internacional. 34. ed. São Paulo: Enap, 1998.

CASTRO, A. P. P. *A proposta de educação dos servidores públicos federais na reforma do Estado (1995-2002)*. 2003. Dissertação (Mestrado em Educação) – Universidade Federal do Paraná, Curitiba, 2003.

FREITAS, E. de. FMI e Banco Mundial. *Brasil Escola*, 2014. Disponível em: <http://www.brasilescola.com/geografia/fmiebancomundial.htm>. Acesso em: 8 ago. 2014.

DAVIES, N. *O Fundef e as verbas da educação*. São Paulo: Xamã, 2001.

FONSECA, M. O Banco Mundial e a educação: reflexões sobre o caso brasileiro. In: GENTILI, P. (Org.). *Pedagogia da exclusão*: crítica ao neoliberalismo em educação. 4. ed. Petrópolis: Vozes, 1995.

_____. O financiamento do Banco Mundial à educação brasileira: vinte anos de cooperação internacional. In: TOMMASI, L. de; WARDE, M. J.; HADDAD, S. (Org.). *O Banco Mundial e as políticas educacionais*. 3. ed. São Paulo: Cortez, 2000.

FUNDAÇÃO JOSÉ ELIAS TAJRA. *Gestão administrativa*: aula 5. Disponível em: <http://www.fundacaojoseeliastajra.org.br/

gestaoadministrativa5.asp>. Acesso em: 9 maio 2008.

IMPOSTO. In: *Portal Tributário:* Glossário de termos tributários ou fiscais. Disponível em: <http://www.portaltributario.com.br/glossario.htm>. Acesso em: 8 ago. 2014.

KRAWCZYK, N. R. Políticas de regulação e mercantilização da educação: socialização para uma nova cidadania? *Educação e Sociedade*, Campinas, v. 26, n. 92, p. 799-819, out. 2005. Número especial. Disponível em: <www.scielo.br/pdf/es/v26n92/v26n92a05.pdf>. Acesso em: 8 ago. 2014.

LIBÂNEO, J. C. *Organização e gestão da escola*. 5. ed. Goiânia: Alternativa, 2004.

MEIRELLES, H. *Direito administrativo brasileiro*. 27. ed. São Paulo: Malheiros, 2002.

MURANAKA, M. A. S.; MINTO, C. A. Organização da educação escolar. In: OLIVEIRA, R. P; ADRIÃO, T. (Org.). *Gestão, financiamento e direito à educação*: análise da LDB e da Constituição Federal. São Paulo: Xamã, 2001. (Legislação e Política Educacional).

OLIVEIRA, J. F. de; FONSECA, M.; TOSCHI, M. S. O programa Fundescola: concepções, objetivos, componentes e abrangência – a perspectiva de melhoria da gestão do sistema e das escolas públicas. *Educação e Sociedade*, Campinas, v. 26, n. 90, p. 127-147, jan./abr. 2005. Disponível em: <http://www.scielo.br/pdf/es/v26n90/a06v2690.pdf>. Acesso em: 8 ago. 2014.

OLIVEIRA, R. de. *Empresariado industrial e educação brasileira*: qualificar para competir? São Paulo: Cortez, 2005.

OLIVEIRA, R. P. O financiamento da educação. In: ADRIÃO, T.; OLIVEIRA, R. P. (Org.). *Gestão e financiamento e direito à educação*: análise da LDB e da Constituição Federal. São Paulo: Xamã, 2001.

PARANÁ (Estado). *Gerenciamento patrimonial Fundepar*: o que é, como é, para que serve, importância. Disponível em: <http://www.pr.gov.br/fundepar/docs/gerenciamento_patrimonial.pdf>. Acesso em: 8 abr. 2008.

PARO, V. H. *Gestão democrática da escola pública*. São Paulo: Ática, 2005.

PATRIMÔNIO. In: FERREIRA, A. B. de H. *Dicionário Aurélio básico da língua portuguesa*. Rio de Janeiro: Nova Fronteira, 1995. p. 488.

PINTO, J. M. de R. (Org.). Relatório do Grupo de Trabalho sobre Financiamento da Educação. *Revista Brasileira de Estudos*

Pedagógicos, Brasília, v. 82, n. 200/201/202, p. 117-135, jan./dez. 2001. Disponível em: <http://www.inep.gov.br/download/cibec/2001/periodicos/rbep_200.pdf>. Acesso em: 8 ago. 2014.

PINTO, J. M. de R. Financiamento da educação no Brasil: um balanço do governo FHC (1995-2002). *Educação e Sociedade*, Campinas, v. 23, n. 80, set. 2002, p. 108-135. Disponível em: <http://www.scielo.br/pdf/es/v23n80/12927.pdf>. Acesso em: 8 ago. 2014.

SANTA CATARINA (Estado). *Salário-educação*. 2001. Disponível em: <http://www.sed.rct-sc.br/saleduc2002/salario-educacao.htm>. Acesso em: 8 ago. 2014.

SASSO, R. Instrumentos jurídicos de cooperação no setor público brasileiro: consórcios, convênios e contratos de gestão. In: CONGRESO INTERNACIONAL DEL CLAD SOBRE LA REFORMA DEL ESTADO Y DE LA ADMINISTRACIÓN PÚBLICA, 7., 2002, Lisboa. *Anais...* Lisboa, 2002. Disponível em: <http://unpan1.un.org/intradoc/groups/public/documents/CLAD/clad0044207.pdf>. Acesso em: 8 ago. 2014.

SAVIANI, D. *A nova lei da educação*: trajetórias, limites e perspectivas. São Paulo: Autores Associados, 1997.

_____. *Educação brasileira*: estrutura e sistema. São Paulo: Autores Associados, 2000.

SILVA, E. B. da (Org.). *A educação básica pós-LDB*. São Paulo: Pioneira, 1998.

SOARES, M. C. C. Banco Mundial: políticas e reformas. In: TOMMASI, L. de; WARDE, M. J.; HADDAD, S. (Org.). *O Banco Mundial e as políticas educacionais*. 3. ed. São Paulo: Cortez, 2000.

TOMMASI, L. de. Financiamentos do Banco Mundial no setor educacional brasileiro: os projetos em fase de implantação. In: TOMMASI, L. de; WARDE, M. J.; HADDAD, S. (Org.). *O Banco Mundial e as políticas educacionais*. 3. ed. São Paulo: Cortez, 2000.

VALENTE, I.; ROMANO, R. PNE: Plano Nacional de Educação ou Carta de Intenção? *Educação e Sociedade*, Campinas, v. 23, n. 80, p. 96-107, set. 2002. Disponível em: <www.scielo.br/pdf/es/v23n80/12926.pdf>. Acesso em: 8 ago. 2014.

VAZQUEZ, D. A. Desequilíbrios regionais no financiamento da educação: a política nacional de equidade do Fundef. *Revista de Sociologia e Política*, Curitiba, n. 24, p. 149-164, jun. 2005. Disponível em: <http://www.scielo.br/scielo.php?script=sci_arttext&pid=S0104-4478200 5000100010>. Acesso em: 8 ago. 2014.

Respostas

Capítulo 1

Atividades de autoavaliação

1. c

2. d

3. a

4. c

5. F, V, V, F.

Questões para reflexão

1. Para verificar se a municipalização tributária favoreceu ou não a arrecadação do ISS e do IPTU, o leitor deverá buscar informações, em seu município, do quantitativo arrecadado em 1990 – dois anos após a data da promulgação da nossa Constituição Federal – e na data atual, buscando os últimos balancetes divulgados no *site* da prefeitura. A busca dessa informação favorece a compreensão da efetiva cobrança e da vinculação desses impostos à área educacional, pois, se há mais arrecadação, supostamente há também maior destinação de valores para a educação.

2. Após a leitura do capítulo, pedimos como orientação sobre o que foi estudado que o leitor observe as condições do sistema

educacional público em nosso país, com relação a vagas, permanência na escola, infraestrutura, equipamentos, formação inicial e contínua dos professores e carreira dos profissionais da educação (salários). Pedimos, também, que seja considerada nessa análise se o processo pedagógico tem cumprido com seu objetivo de ensinar e garantir que os conteúdos efetivamente sejam assimilados pelos alunos. Assim, exercitamos a reflexão e ingressamos no rol de educadores que pensam e buscam soluções para nossos problemas com a educação. Buscaremos respostas para analisar se, para melhorar o nosso sistema de ensino, basta aumentar o financiamento da educação, em termos de vinculação de impostos ou de aumento percentual, ou se precisamos de outras ações e políticas públicas atreladas à questão do financiamento.

Capítulo 2

Atividades de autoavaliação

1. c

2. b

3. a

4. V, V, F, V.

5. d

Questões para reflexão

1. No capítulo, discorremos sobre a vigência dos fundos, as fontes de recursos e todas as informações que são cobradas para montar esse quadro. Contudo, o leitor, ao elaborar esses dados em forma de quadro, reforçará os conteúdos, principalmente pela necessidade de buscar a leitura direta da Lei n. 9.424/1996, que instituiu o Fundef.

2. O mesmo entendimento se aplica na construção do quadro do Fundeb. Nosso leitor deverá buscar as informações diretamente no texto da Lei n. 11.494/2007, que instituiu o novo fundo para educação.

Capítulo 3

Atividades de autoavaliação

1. a

2. d

3. b

4. c

5. d

Questões para reflexão

1. Os meios de comunicação impressos (jornais e revistas) vêm noticiando as parcerias que são realizadas entre o setor público e o setor privado, podendo ser uma empresa que passou a investir na formação de ensino médio e na profissionalização dos alunos, com vistas ao aproveitamento de mão de obra qualificada para contratação ou parcerias com sistemas de ensino particulares que concedem a utilização de seus materiais didáticos e recursos metodológicos, bem como aplicam cursos de capacitação e formação contínua dos professores. Na parceria com o terceiro setor (ONGs), podemos identificar uma série de projetos, de oficinas pedagógicas de contra-turno escolar (educação não formal) a propostas de gestão e capacitação docente. Existem várias formas de se realizar uma parceria; os exemplos dados são apenas elucidativos para facilitar a busca por essas informações e por ilustrarem o que tem sido publicado ultimamente.

2. Nesta obra mencionamos como exemplos o Projeto Nordeste e o Fundescola. Mais informações sobre esses programas, financiados com recursos do Banco Mundial, podem ser encontrados na internet e especificamente no *site* <http://www.fnde.gov.br/home/index.sp?arquivo=fundescola.html>. Indicamos, também, a leitura do artigo intitulado "O programa Fundescola: concepções, objetivos, componentes e abrangência – a perspectiva de melhoria da gestão do sistema e das escolas públicas", de João Ferreira de Oliveira e outros, bem como do livro *O Banco Mundial e as políticas educacionais*, de Lívia Tommasi, Marília Fonseca e outros. Ambas as referências constam no fim deste livro.

Capítulo 4

Atividades de autoavaliação

1. a

2. d

3. b

4. d

5. c

Questões para reflexão

1. Para responder a essa questão, o leitor poderá consultar os seguintes *sites*: <http://www.cgu.gov.br/Publicacoes/anualGestaoRecursosFederais/Arquivos/cartilha_Gestao RecursosFederais.pdf> e <http://www.fnde.gov.br>, clicando em Alimentação Escolar.

O primeiro *site* pertence à Controladoria Geral da União e direciona imediatamente para o manual elaborado com o intuito de orientar como gerenciar os recursos públicos federais. Ambas as referências foram utilizadas no capítulo e encontram-se indicadas no fim desta obra.

2. A segunda questão nos remete a uma reflexão sobre se os recursos destinados diretamente à escola, como o PDDE, favoreçem o trabalho do gestor escolar em termos de atendimento às necessidades emergenciais da unidade escolar. Nessa análise, o leitor poderá adensar a discussão sobre se o gestor, com essas tarefas administrativas, de ordem financeira e orçamentária, tem se afastado ou não de suas obrigações no tratamento do que é especificamente pedagógico; e sobre se cuidar da manutenção da escola atende ou não às questões pedagógicas e de melhoria do ensino ofertado pelos professores.

Capítulo 5

Atividades de autoavaliação

1. c

2. b

3. d

4. b

5. c

Questões para reflexão

1. A intenção dessa atividade é verificar se a rede privada de ensino segue como modelo a forma instituída nos órgãos públicos de controle patrimonial e que foram descritas no capítulo, como o emplacamento, com o respectivo número de tombamento do material, ou na forma mais moderna e informatizada, com o uso de etiquetas em que constem códigos de barra com o número de registro do material permanente tombado ou catalogado.

2. Neste capítulo, comentamos sobre a importância de o gestor tomar essas informações para dimensionar os problemas da escola (documentação do imóvel, por exemplo) e as necessidades para sua manutenção. Estudando o capítulo e retomando essas informações, nosso leitor terá facilidade em argumentar e justificar o que se pede na questão.

Sobre a autora

Ana Paula Pádua Pires de Castro é carioca, nascida no antigo Estado da Guanabara. Após oito anos de residência no Rio de Janeiro, morou durante dois anos em Belém do Pará e depois assumiu, em 1987, a cidade de Curitiba como sua capital. Nessa cidade, casou-se, formou-se em Pedagogia, fez seu mestrado em Educação e optou pela carreira pública ao ingressar como concursada na Universidade Federal do Paraná (UFPR). Sempre coordenou suas atividades pedagógicas paralelamente à carreira federal. Na área educacional, atuou na educação de jovens e adultos e na pedagogia empresarial, trabalhando na organização de eventos, no gerenciamento e no planejamento de projetos de recursos humanos e de qualificação de pessoal. Assumiu um cargo comissionado como Coordenadora de Desenvolvimento de Recursos Humanos no período de 2002-2004, na UFPR.

Os papéis utilizados neste livro, certificados por instituições ambientais competentes, são recicláveis, provenientes de fontes renováveis e, portanto, um meio **responsável** e natural de informação e conhecimento.

FSC
www.fsc.org
MISTO
Papel produzido a partir de fontes responsáveis
FSC® C103535

Impressão: Reproset
Julho/2021